発達表　0歳〜2歳未満

子どもの発達のようすを表
※この表は目安です。発達には個人差

0歳

	0〜2か月	3か月	4か月 生後第一の新しい発達の力の誕生	5か月	6か月 飛躍的移行期	7〜8か月
生理的機能	・原始反射（モロー反射、把握反射、口唇探索反射、吸てつ反射など）が活発である。	身長 60cm　体重 6kg	・「立ち直り反応」が見られ始める。		・原始反射のほとんどが消失する。 身長 67cm　体重 8kg	・母体免疫から自己免疫へと切り換わる。 ・乳歯が生え始める。
生活習慣　睡眠		・生後28日未満の新生児は、1日16時間前後眠る。	・昼夜を区別し、夜によく眠るようになる。			・1日の睡眠時間は14時間前後。午睡は午前と午後、夕方の3回となる。
生活習慣　排せつ						
生活習慣　食事				離乳食開始 なめらかにすりつぶした状態		舌でつぶせる固さ
生活習慣　着脱						
全身運動	・あおむけで左右非対称な姿勢。	・あおむけで左右対称な姿勢。 ・首がすわり始める。	・手と手、足と足をふれ合わせる。	・手や足をつかんだり、つかんだ足を口に入れたりする。 ・うつ伏せでは、てのひらで支える。	・寝返り・旋回をする。	・ずりばいでの移動が始まる。 ・お座りができ始める。
手指の操作	・物を持たせると5秒程度持っている。	・持っている物を取り上げようとすると少し抵抗する。	・持った物を口に入れたり、振ったりする。	・自発的に手を伸ばしてつかむ（リーチング）。 ・手指がもみじ状に開く。	・両手把握を媒介にした持ちかえをする。	・手に持った物を自ら離すことは難しい。
言語・認識	感覚系（視覚） ・「点として」の追視。	・「線として」の追視。 ・母親を目で追う。	・「面として」の追視ができる。	・全方位に追視ができる。	・2つの物を右、左、右などと繰り返し見比べる。	・指さすとその指先や指した人の顔を見る。 ・抱っこされるときに両手を伸ばす。
自我・社会性	・うとうとしたとき、ほほえんでいるような表情が見られる（自発的・生理的微笑）。	・あやしかけにほほえみを返す（社会的微笑）。	・自分から相手に向かってほほえみかける。	・親しい人には笑いかけ、知らない人はじっと見つめる（社会的・選択的微笑）。	・知らない人と対面すると、背を向けたり振り返ったりを繰り返す。	・「8か月不安」が見られる。 ・知らない人の顔をわざわざ見て泣く。

P.6〜7

にしました。下記の「参照ページ」など、本文と合わせてご覧ください。　**2歳〜7歳未満は裏にあります。** ➡

			1歳		
9か月	**10か月** 生後第二の新しい発達の力の誕生	**11か月**	**1歳〜1歳3か月**	**1歳3か月〜1歳6か月**	**1歳6か月〜2歳** 飛躍的移行期
・より高次の大脳系の成熟が進み、バランスをとる力、手指の操作における調整の力がついてくる。				・脳重量が出生時の3倍になるとともに、内部の構造も成人の脳に似てくる。 ・上下左右の奥歯（第一乳臼歯）が生え、全部で12〜16本になる。	
70cm 8.5kg			75cm 9kg		80cm 10kg
・午睡が午前と午後の2回になってくる。				・午睡が1回になってくる。	・排尿間隔が2時間を超えるようになる。
歯ぐきでつぶせる固さ			歯ぐきでかめる固さ ・手づかみやスプーンを使って自分で食べようとする。	**離乳食完了** ・着脱を自分でしようとする。	
・四つばいで移動する。 ・つかまり立ちをし、伝い歩きを始める。	・四つばい→お座り→つかまり立ち→お座りなど姿勢の変換が自由にできる。	・高ばいをする。 ・ひとりで立つ。	・歩行が始まる。		・目的に合わせて、体を方向転換する。 ・両足跳びや段差からの飛び降りに挑戦する。 ・走る。
・左右の手にそれぞれ物を持ち、自分から離すことができる。 ・「散らかす」操作が盛ん。	・器に物を入れようとするなど「内に向けた調整」が見られる。 ・親指と人差し指で斜め上から小さい物をつかむ。	・左右交互に持った物をのせる、入れる、くっつける、相手に渡すといったことができる。	・器への入れ分けは難しく、どちらか一方へ入れてしまう。 ・積み木を2個程度積む。	・スプーンやコップで食べ物や砂などをすくったり入れたりする。 ・積み木を3〜10個積む。	・器への入れ分け、移し替えをする。 ・積み木を長く並べ、その過程でゆがみの調整をする。 ・ぐるぐると丸（円錯画）をかく。
・指さした先にある物を見つける（ジョイントアテンション）。 ・要求の手さしや発声が見られる。 ・二音の反復的音声を発する。	・初めての意味のある言葉（「マンマ」など）が出る。 ・要求の指さしが見られる。 ・「上手上手」などの身振りを模倣する。	・見つけてうれしい物を指さす（定位の指さし）。 ・一定の事物に一定の音声が結びつく。	・簡単な言葉の指示を理解する。	・四足動物は「ワーワ」、食べ物は「マンマン」など共通する特徴をもつグループの名称としての言葉を発する。	・聞かれた物を指さす（可逆の指さし）。 ・目や耳など対になったものを答える（対の指さし）。 ・「ワンワン」「ニャーニャ」などと区別し、表現し始める。
・特定の人を「よりどころ」にしながら、外の世界へも気持ちを向け始める。 ・人の表情から場面の意味を読み取る（社会的参照）。	・「ちょうだい」に対し、渡そうとする（物を媒介としたコミュニケーション）。 ・鏡に映った自分と他人を見分ける（自分の発見）。 ・名前を呼ばれると手を挙げる。	・得意、照れる、かわいがるといった感情を示す。	**自我の芽生え（「〜ダ」）** ・「だめ」と禁止されると激しく抵抗するが、要求が持続しない。		・場面の切り替え、気持ちの立ち直りができ始める。 ・かみつきが見られることもある。 ・要求実現の際に「〜チャンモ」と自分の名前を使う。
P.16〜18			P.26〜27		

0歳～6歳 子どもの発達と保育の本

監修・執筆●河原紀子
執筆●港区保育を学ぶ会

第2版

Gakken

はじめに
―第2版に当たって―

　前の保育所保育指針・改定から約10年が経過しました。この間、保育所利用者および待機児童の増大、子ども・子育て新制度のスタートなど、保育・子育て環境は大きく変化しました。これらを背景として、2017年3月、新たな「保育所保育指針」（以下、「新・指針」）が告示されました。そのなかで、保育所、幼稚園、幼保連携型認定こども園が「幼児教育を行う施設として共有すべき事項」として、育みたい資質・能力（3項目）および「幼児期の終わりまでに育ってほしい姿」（10項目）が具体的に示されました。これらをどのようにとらえて実際に保育をしていくのか、新たな課題となっています。

　「新・指針」では、「子どもの発達」の章はなくなり、発達的特徴については「保育の内容」の章で簡潔に記載されるのみになりました。今日の保育の現場では、発達障害や特別な支援の必要な子どもたちが増え、発達的理解の重要性はますます高まっています。本書では、年齢ごとの特徴の記述だけにとどまらず、その背後にある発達の理論に基づいて説明しているところが大きな特長です。子どもたちひとりひとりの今の姿を大切にすることから、未来の姿を見通していくためにも、子どもの姿を発達的にとらえ、理解する手がかりとして、本書を活用していただければ幸いです。

河原紀子

本書の見方

「新・指針」では、「保育の内容」について「乳児」「1歳以上3歳未満児」「3歳以上児」という3つの区分で記載されています。本書では、0歳から6歳までの発達について質的な変化を踏まえてとらえるために、「乳児」は乳児①（0〜5か月ころ）と乳児②（6〜11か月ころ）に分け、それ以降は1歳ごとに区分し、次の2つの要素から構成されています。1つは、発達の特徴をまとめた「**発達のようす**」で、もう1つはその発達の特徴を踏まえた保育実践を紹介する「**保育のポイント**」です。以下、それぞれについて説明します。

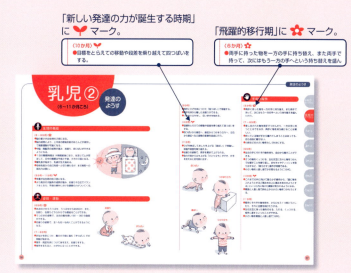

注）田中昌人『発達研究への志』（あいゆうぴい）p.32-33の図を参考に作成

発達のようす

ここでは、「可逆操作の高次化における階層一段階理論（以下「階層一段階理論」）」をベースに、子どもの発達の特徴について主に「生理的機能」「全身運動」「手指の操作」「言語・認識」「自我・社会性」の視点から説明します。この理論は、子どもの発達の豊かで具体的な姿と照らし合わせて学ぶことによって、発達をとらえる「めがね」としての役割を果たすものです。右上の図は、生まれてからおおよそ成人になるまでの「階層一段階理論」の概略です。出生から成人になるまでに4つの階層があり、そのひとつひとつの階層のなかに、3つの発達段階と飛躍的移行期があります。その第2の段階から第3の段階への移行のところで、「新しい発達の力」が誕生するというしくみになっています。

発達をとらえることはどの時期でも大切ですが、なかでも、次の2つの時期が重要です。1つは、次への発達を推し進める重要な力である「新しい発達の力」が芽生え始める「誕生」の時期。そして2つ目は、誕生した新しい力が本格的に主導し始める「飛躍的移行期」です。各年齢区分の「発達のようす」のなかでは、「新しい発達の力が誕生する時期」は【♥マーク】、「飛躍的移行期」は【✿マーク】で表示しています。

保育のポイント

ここでは、「発達のようす」を押さえた上での、具体的な保育実践を紹介します。保育のなかで見られる子どもの姿についての分析、発達を踏まえたかかわりやあそび、活動について、現場の写真やイラストを用いて具体的に解説をしています。

「発達のようす」のどの要素が関連しているかを表したマーク。

 生理的機能
 全身運動（姿勢）
 手指の操作
 言語・認識（感覚系）　自我・社会性　生活習慣

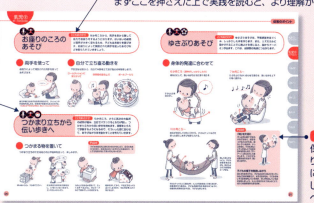

もくじ

〈巻頭とじ込み〉 発達表

はじめに ── 2
本書の見方 ── 3

乳児① (0～5か月ころ) ── 5
発達のようす ── 6
保育のポイント ── 8

腹ばいから寝返りへ／
赤ちゃんの抱き方／
あやしてあそぶ～応答的かかわり～／
見て、触って楽しむおもちゃあそび／
快適な午睡環境／おむつ交換の仕方／
一対一で授乳を

Column 乳幼児健康診査
「3～4か月児健診」── 14

乳児② (6～11か月ころ) ── 15
発達のようす ── 16
保育のポイント ── 19

ずりばいから四つばいへ／
お座りのころのあそび／
つかまり立ちから伝い歩きへ／
ゆさぶりあそび／
発語を促すかかわり～指さし・言葉(音声)への対応～／
人見知りへの対応／離乳食の進め方

1歳ころ ── 25
発達のようす ── 26
保育のポイント ── 28

全身を動かして／ぐるぐるなぐりがき／
かみつきへの対応／
トイレトレーニングの進め方／
スプーンを使う

Column 乳幼児健康診査
「1歳6か月児健診」── 34

2歳ころ ── 35
発達のようす ── 36
保育のポイント ── 38

いろいろな動きを楽しんで～二次元の理解から動きの調整～／
シールはり＆シールはがし／
見立ててあそぶ～小麦粉粘土で～／
自己主張への対応～自我の拡大から自我の充実へ～／
保育者とごっこあそび／
二語文からの言葉あそび／好き嫌いへの対応／
着脱への対応～自我を受け止めて～

3歳ころ ── 45
発達のようす ── 46
保育のポイント ── 48

走る、跳ぶ、よじ登る！～動きを調整する力～／
ボールを使ったあそび～協応動作を取り入れる～／
表現を楽しむ～二次元描画の充実～／
友達とごっこあそび／ルール・マナーを伝える／
状態や経験に照らし合わせた応答／
葛藤～…シタイ、ダケドモ…～／
着脱～「自分でできる」自信をつける～／
排せつ～成功体験に導く～

Column 乳幼児健康診査「3歳児健診」── 56

4歳ころ ── 57
発達のようす ── 58
保育のポイント ── 60

「～シナガラ…スル」運動あそび／
はさみを使った製作～二次元可逆操作の獲得～／
簡単なルールのある集団あそび／
言葉への関心を高める～語いの急増～／
汚い言葉への対応／小グループ活動／
「～ダケドモ、…スル」という気持ち～自制心の育ち～／
けんかへの対応／いたわる気持ち／
はしの持ち方の指導

5歳ころ ── 67
発達のようす ── 68
保育のポイント ── 70

全身を動かすあそび／ルールのある集団ゲーム／
役割のあるあそび／「真ん中」の発見～発達的三次元の形成～／
三次元を含む製作／
「変化」や「すじみち」を楽しむ～思考する力の基礎作り～／
話したり聴いたりする活動／
仲間と一緒に創り上げる活動／
当番活動～自己信頼性を培う～／
身体の自己管理～基本的生活習慣の自立～

6歳ころ ── 77
発達のようす ── 78
保育のポイント ── 80

複雑な動きを楽しむ／ルールのある集団あそび／
構成あそび／社会ルールの理解／
テーマを共有した製作／物語を楽しみ、表現する／
「文字・数」への関心を高める／
野菜の栽培～栽培を通して多様な体験を～／
友達関係の深まり／就学に向けて

保育室環境 おもちゃ＆教材・用具 ── 87

0～2歳児 ── 88
保育室環境／室内おもちゃ

3～5歳児 ── 91
保育室環境／教材・用具

あとがき ── 95

乳児①
(0〜5か月ころ)

首がすわり、手足の動きが活発に。動く物を見ようとし、微笑を介した大人との関わりにも意欲的な時期。

子どもの姿

このころの子どもは、出生により胎内から外界へと急激な変化に適応して、視覚、聴覚、嗅覚さらに触覚、味覚などの感受性を豊かにしていく。生後4か月ころは「生後第一の新しい発達の力」が誕生する時期であり、首がすわって周りを見回す、自分から微笑みかけるなど、自ら外の世界へ積極的に働きかけるようになる。そうして、寝返りや腹ばいで動き、見つけた物に手を伸ばしたり、母親やごく親しい人へは知らない人とは異なる微笑みを見せたりするようになる。

乳児① (0〜5か月ころ)

発達のようす

生理的機能

〈新生児〉
- 生後28日未満の新生児は、1日16時間前後眠る。
- 脳の下位部分であるせき髄・延髄系の原始反射(モロー反射、手や足の把握反射、口唇探索反射、吸てつ反射など)が活発である。

〈4か月〉
- 昼夜の区別ができるようになり、夜に比較的よく眠るようになる。
- 体重が出生時の約2倍の6kg前後になる。
- 原始反射は、せき髄・延髄より上位の中脳・間脳系に統合される。
- 「立ち直り反応」が見られ始める。

モロー反射

あおむけの赤ちゃんを両手で支えてから、急に落下させるように動かしたとき、両手を上げて抱きつくようにする。

把握反射

てのひらや足の裏を指でふれると握るようにする。

口唇探索反射

口の周りに指先などを当てると、そちらを向いて吸いつこうとする。

吸てつ反射

口に入った物、唇にふれた物に吸いつこうとする。

姿勢・運動

〈1〜2か月〉
- あおむけで左右非対称な姿勢をしている。
- フェンシングの構えのような姿勢をとる。

〈3か月〉
- あおむけで左右対称的な姿勢がとれるようになる。
- 首がすわり始める。

〈4か月〉
- あおむけで左右対称的な姿勢をとり、正中線に向かって手と手、足と足をふれ合わせる。
- ふれ合わせた両手を口に入れたり、眺めたり、また手がひざにふれたりする。
- 支えると、寝返りができるようになる。

〈5か月〉
- あおむけの姿勢で、手で足をつかんだり、つかんだ足を口へ入れたりする。
- 自発的な寝返りができ始める。
- うつ伏せでは、胸を上げ腕を伸ばし、てのひらで体重を支えられるようになる。

左右非対称 → 左右対称 → 手で足をつかむ。 正中線

発達のようす

手指の操作（目と手の協応）

〈1〜2か月〉
- ガラガラなどを手に持たせると5秒程度持っている。

〈3か月〉
- ガラガラなどを両手に持たせると1分以上持っていられる。
- 持っているガラガラを取り上げようとすると少し抵抗する。

〈4か月〉🌱
- 手に持ったガラガラを口に入れたり、振り鳴らしたりする。
- 近くに差し出された物を自発的につかむ。

〈5か月〉
- 自発的に手を伸ばして物をつかむこと（リーチング）ができる。
- 物にふれるときに手指がパッともみじ状に開く。

社会性（微笑）

〈1〜2か月〉
- まどろんだ状態や浅い眠りのときに、口角が上がってほほえんでいるかのような表情が見られる（あやしかけなどに対する反応ではないため、「自発的微笑」や「生理的微笑」といわれる）。

〈3か月〉
- あやしかけに対しほほえみを返す「社会的微笑」が見られる。
- 実物の人の顔だけでなく、写真やイラストなどの平面的な顔やその模型に対してもほほえむ。

〈4か月〉🌱
- 「自分から」相手に向かってほほえみかける。

〈5か月〉
- 母親や普段親しく接してくれる人には声を出して笑いかけるが、見慣れない人はじーっと見つめるなど「社会的・選択的微笑」になってくる。

感覚系（視覚）

〈1〜2か月〉
- 赤ちゃんの視野に物を差し出し、それを動かすと、ごくわずかに追う（「点として」の追視）。

〈3か月〉
- あおむけの姿勢で、左右や上下（頭足）方向に動く物を追い続ける「線として」の追視ができるようになる。
- そばを通る人を目で追ったり、気になった物を振り返って見たり、視野が遮られると抵抗したりし始める。

〈4か月〉🌱
- 動く物を360度左回り、右回りどちらも滑らかに「面として」追視する。

〈5か月〉
- 全方位に追視ができる。

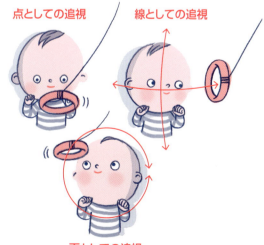

乳児①（0〜5か月ころ）
乳児②（6〜11か月ころ）
1歳ころ
2歳ころ
3歳ころ
4歳ころ
5歳ころ
6歳ころ

乳児①
（0〜5か月ころ）

保育のポイント

腹ばいから寝返りへ

ここをおさえて！ 「生後第一の新しい発達の力」が誕生する時期（4か月ころ）を迎えます。自らとる主な姿勢はあおむけですが、首がすわる3か月ころを目安に、腹ばい姿勢にして、うつぶせ、寝返りといった新しい姿勢・動きの体験ができるようにしていきます。

● 腹ばいであそぶ

2〜3か月ころから、機嫌や体調のよいときに、腹ばい姿勢にしてみます。まだ上肢がしっかりしていない時期なので、長時間腹ばいのままでいないように。また、上肢で支えられないうちは窒息の心配があるので、安全面には十分注意しましょう。

Point
腹ばいであそびながら、次のような点を確認します。
- おもちゃの動きを追視（上下・左右）するか。
- 人や物に対して興味、意欲があるか。
- 頭が上がるか。

クッションで支えて
胸の下にクッションやバスタオルなどを入れて支えると、手を使ってあそぶことができる。子どもが興味を示すおもちゃを持たせて。

クッションで口や鼻がふさがれていないか、確認。

保育者と向かい合って
顔を上げた姿勢を保てるよう、保育者が向かい合ってあやしたり、おもちゃであそんだりする。

子どもと視線を合わせて。できるだけ近く、低い姿勢に。

※クッションやマットは、すぐに洗える物に（よだれやおう吐物などで汚れるので）。

保育のポイント

寝返り（うつぶせ⇔あおむけ）

寝返りは子どもが自力で行うことが大事。保育者は、子どもの「動きたい」という気持ちを引き出すように支援していきましょう。

① あおむけの状態のときに正面や横側から話しかけたり、おもちゃを見せたりして、寝返りを誘う。
② 寝返りをし始めたらそれを見守りながら、様子を見て介助する。
③ 寝返りをしたら、意欲を損なわないよう、誘ったおもちゃにふれられるようにする。

Point
寝返りでは、次のような点を確認します。
- 体を反らしすぎていないか。
- 下になった腕を自分で抜けるか。
- ひじを伸ばし胸を張って、顔をしっかり上げているか。
- 左右どちらにも寝返りできるか。

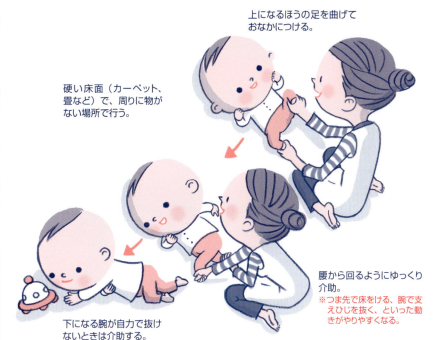

上になるほうの足を曲げておなかにつける。

硬い床面（カーペット、畳など）で、周りに物がない場所で行う。

下になる腕が自力で抜けないときは介助する。

腰から回るようにゆっくり介助。
※つま先で床をける、腕で支えひじを抜く、といった動きがやりやすくなる。

赤ちゃんの抱き方

ここをおさえて！ 乳児を抱くとき、首がすわっているかどうかが重要。特に首がすわる前は、縦の姿勢を保つだけの筋力が備わっていないため、抱き方によっては体に大きな負担がかかります。発達に即した抱き方に留意しましょう。

発達に合わせて

姿勢・視界が変わるため子ども自身は縦抱きを好みますが、首がすわる前、頭を支えるだけの筋力が十分に育っていない時期は、縦抱きはしないようにしましょう。

Point
何も声をかけずにひょいっと抱き上げてしまうことがありますが、子どもは、抱っこされることで急に姿勢が変わります。抱き上げる前に、必ず「抱っこするよ」「○○しに行こうね」など、声をかけ、子どもが心の準備をできるようにしましょう。

首がすわる前
首と頭を支えて、子どもの体は水平にして抱く。

首がすわったら
首がすわるようになったら、縦に抱いても。子どもに保育者の手を握らせ、自力で起き上がろうとする力も引き出す。

乳児①（0〜5か月ころ）
乳児②（6〜11か月ころ）
1歳ころ
2歳ころ
3歳ころ
4歳ころ
5歳ころ
6歳ころ

9

乳児①
(0〜5か月ころ)

あやしてあそぶ
〜応答的かかわり〜

ここをおさえて！ 3か月ころから、あやしかけなどへの反応として「社会的微笑」が見られるようになり、5〜6か月ころには、身近な親しい人と知らない人とを見分けるようになってきます。人への基本的な信頼関係が芽生えるこの時期、一対一での応答的なかかわりのなか、笑いを共有していくことが大事です。

●「不快→快」のやりとりを大切に

「おなかがすいた」「おむつがぬれた」といった「不快」を泣くことで表現し、それを大人がキャッチして対応。子どもの「不快」が大人のかかわりで「快」に変わる、このやりとりが応答的かかわりの始まりで、この繰り返しで、人とのきずなが育ちます。

● 笑顔を引き出して

3か月ころから「社会的微笑」が見られます。あやしあそびは、その社会的微笑とともに全身運動も誘発します。あやして、笑って、情動的なかかわりあそびをたくさん行いましょう。

0〜1か月ころ　生理的微笑
眠りに入りかけたうとうとした状態のとき、ほほえんでいるかのような表情が現れる。これは外部からの刺激による微笑ではない。

3か月ころから　社会的微笑
大人があやすと笑い返す（大人の目を見て笑う）、手足をばたばたさせる、といった反応が見られる（おはしゃぎ反応）。

Point
なかには、あやされたときの反応が弱い子がいますが、笑いかけても反応が少ないと、ついあやすことが少なくなり、笑う機会も減る……といった悪循環に陥ってしまうことも。あやしたときの反応をしっかり見ていくようにしましょう。

● 発声を豊かに

社会的微笑に伴い、声も出るようになります。首がすわることでのどが開放され、発声器官が発達してきます。発声を引き出すあそびをたくさん取り入れていきましょう。

例えば…
- いないいないばあ
- くすぐりあそび
- 唇や舌をぶるぶる
- なん語のまねっこ　など

保育のポイント

見て、触って楽しむ おもちゃあそび

ここをおさえて！ 視覚や触覚の刺激に興味を示す時期。おもちゃも、目で追ったり、口に入れたり、触ったりする物を用意しましょう。おもちゃであやしながら、興味をもつ様子、物を目で追う（追視）様子も確認します。

乳児①（0〜5か月ころ）
乳児②（6〜11か月ころ）
1歳ころ
2歳ころ
3歳ころ
4歳ころ
5歳ころ
6歳ころ

● おもちゃの種類と設定

あおむけ姿勢でも楽しめるつりおもちゃのほか、親指が開くようになってきたら自分で握って楽しむおもちゃも用意しましょう。動いたり音がしたりするおもちゃで、保育者と一対一のかかわりをすることも大切です。

つりおもちゃ
モビール（赤い毛糸玉などでも）、オルゴールメリーなど。

子どもが目でとらえやすいよう、胸元30〜50cmくらい離して（万が一落ちても、子どもの顔の上に落ちない位置に）。

握るおもちゃ
ガラガラ、にぎにぎ、歯がためなど。

てのひら全体に入る大きさ。

おもちゃは、胸のあたりで見せて注視させ、手に取ろうとする気持ちを高めてから握らせる。

Point
なんでも口に入れて確かめる時期です。次のようなことに留意しておもちゃを選びましょう。
- 感触のよい素材（木、パイル地など）。
- 毎日洗って衛生を保つ。
- 直径4.5cm以上の物（誤飲防止）。
- 環境ホルモンを生じない安全な素材。
- 放ったり落としたりしても、折れたり割れたりしない。

など

● 追視の確認

おもちゃであやしながら、追視の様子を確認してみましょう。ひもつり輪やガラガラなどをあおむけの姿勢の顔から胸の正面で振って見せ、子どもが目でとらえたことを確かめてから、ゆっくりと左右、上下に移動します。子どもの月齢や発達の様子をとらえた上で、目で追う様子、追視が途切れないかなどを見ていきます。

確認の仕方
① 胸の上25〜30cm、顔から胸の正面で見せる。おもちゃに興味をもち、注視をするかを確認。
② 正面→左（または右）→正面→右（または左）と動かし、追視が途切れないか。
③ 正面→上（頭の方向）→正面→下（足の方向）と動かしてみる。
④ 正面から360°水平移動する。左回り、右回り両方行い、追視の状況を見る。

Point
発達の目安として、1〜2か月ころには①の「点としての追視」、3か月ころには②③の「線としての追視」、4か月ころには④の「面としての追視」が可能になるといわれています。さらに4か月ころには、支え座りの姿勢で「線としての追視」が可能になります。あくまでも目安ですが、このことを頭に入れた上で、子どもの月齢と追視の状況を見ていきましょう。

乳児①
(0～5か月ころ)

快適な午睡環境

ここをおさえて！ 昼夜関係なく、眠りと覚せいが繰り返される状態から、4か月ころになると昼夜の区別がつくようになり、6か月ころには昼間のリズムも確立してきます。快適な睡眠環境を作り、家庭と連携しながら生活リズムを整えていきましょう。

● ひとりひとりの眠りを保障

集団生活のなかでも、ひとりひとりの快適な眠りを保障するため、午睡時の環境や子どもの状態には十分に配慮します。

※約5分に1回子どもの状態を確認し、チェック表に記入。
（確認内容…いつ乳がないか、顔色、表情、呼吸、汗など）

Point
SIDS（乳幼児突然死症候群）とは…
健康な状態だった乳児が睡眠中に突然死亡してしまう病気で、原因は解明されていません。園での予防としては睡眠中の様子に目を配り、定期的に状態を確認、寝返りができるようになる前はうつぶせ寝は避ける、といったことが挙げられます。

やわらかい日差しを取り入れる（顔色、表情がわからないので、レースのカーテンなどがベスト）。

子どもは寝ている間に体温が上昇するので、厚着にならないように。

NG 地震などで子どもの上に物が落下しないように整備。

自分で寝返りができるようになるまではあおむけにし、睡眠時の窒息やSIDSなどに注意。

おむつ交換の仕方

ここをおさえて！ 赤ちゃんの生理的な「不快」を大人のかかわりで「快」に変える応答的かかわりともなるのが、おむつ交換。決して流れ作業にならないように、一対一でのかかわりを大切に行うとともに、身体的な発達をとらえて介助すること、衛生面に気を付けることも大切です。

● 優しく語りかけながら

① 「おしっこ（うんち）出たね～」「きれいにしようね」など、子どもの「不快」を「快」にする言葉をかけていく。

② 腰の下に手を入れておしりを持ち上げ、新しいおむつを下に敷き（タオルに直接おしりがつかないように）、さっと取り替える。

③ 交換後、子どもの両手首を支え、子どもには保育者の親指を握らせ、子どもが自分で起き上がろうとする力を引き出す。

※保育者は必ず手を洗い、衛生面への配慮を十分に。

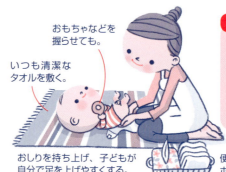

おもちゃなどを握らせても。
いつも清潔なタオルを敷く。
おしりを持ち上げ、子どもが自分で足を上げやすくする。
※足を持ち上げない。高く上げない。

Point
「赤ちゃんだから言ってもわからない」ではなく、「自分に何が起きているのか」がわかるように、きちんと伝えることが大切です。

便のときはおしりふきとポリ袋を準備（子どもの手の届かない所に）。

保育のポイント

一対一で授乳を

ここをおさえて! 授乳は、成長発達における栄養補給のほかに、母親などと一対一でかかわる大切な時間でもあります。集団生活のなかでも、必ず一対一で、保育者はゆったりとした気持ちで行うようにしましょう。

乳児①（0〜5か月ころ）

乳児②（6〜11か月ころ）

1歳ころ

2歳ころ

3歳ころ

4歳ころ

5歳ころ

6歳ころ

● 入園時の確認

入園時の面接で、保護者とともに次のようなことを確認しておきましょう。

- 園のミルクのメーカーを知らせる。
- 母乳からミルクに切り替える場合、入園前からほ乳瓶の乳首に慣らすことを提案。入園後も様子を見ながら進めていく。
- 母乳希望の場合は、冷凍母乳の扱いについて相談。
- ミルクアレルギーのある場合は、個別の対応を確認。

など

● ミルクの準備

このようなセットを個別に用意します。

取り外しができる名札を付けて間違いのないように。

吸う力の強い子、弱い子などいろいろなので、乳首のサイズ、キャップの強さなどを個々に対応。

● 授乳の仕方

① ミルクの温度、キャップのゆるさを確認。

② 「ミルク飲もうねー」などと声をかけながら、おしぼりで子どもの口周りをふく（口周りに刺激を与える意味も込めて）。

③ 乳首を口にちょんちょんと当てて刺激すると、自分から口に含む。ソファーなどに座り、必ず一対一で。抱っこしてほほえみかけたり、話しかけたりしながら、ゆったりとした気持ちで行う。

④ 授乳後は冷まし湯を口に含ませ、おしぼりで口周りをふく。

⑤ 縦に抱いて、背中を下から上へ優しくなで、げっぷ（排気）をさせる。

常にここにミルクがあるように傾ける。そうしないと、空気をたくさん吸うことになってしまう。

子どもの手が大人の背中側にいかないよう、両手は前に出す姿勢で。
※子どもが自分で瓶を持ったとしても、大人が必ず支える。

子どもの顔を保育者の肩に乗せるくらいの感じ。その際、いつ乳もあるので、よだれかけやタオルを肩に乗せるとよい。

13

Column

乳幼児健康診査

現在※、母子保健法に定められているのは、1歳6か月児と3歳児健診ですが、各自治体によってそれ以外の段階でもさまざまな形で健康状態を確認する機会を設けています。本書では、東京都港区の実践から、3〜4か月児健診、1歳6か月児健診、3歳児健診について紹介します。

※2018年1月の時点

3〜4か月児健診　〜乳児期前半の発育・発達の確認と虐待予防・事故予防〜

保護者は、事前に配布される受診票に必要事項を記入し、母子手帳とともに持参して健診を受けます。当日は、身体計測の後、医師による内科的診察を実施します。また受診票内アンケートの回答と母子手帳記載の項目などを合わせて、子どもの状態を確認していきます。

3〜4か月児健診では、運動・感覚機能や栄養状態など、主に乳児期前半の育ちを見ていきますが、同時に妊娠・出産時のことや子育てに関することなど保護者自身にも目を向けていきます。港区の3〜4か月児健診は外部医療機関委託になっているため、その後のフォローとして、保健所で「4か月児育児相談」※を行っています。

※「4か月児育児相談」
3〜4か月児健診の受け皿として行っている育児相談・支援事業。保健師・助産師・管理栄養士・心理相談員などが対応する。虐待予防の意味も強く、参加者が事前に記入して持参するアンケートは、主に保護者自身のこと（妊娠、出産、産後の様子、育児、家族関係など）を聞く内容になっている。また、この時期大切になってくる事柄として、誤飲・誤えん、転落防止などの「事故予防」や、「離乳食の開始の仕方」「心の発達」などを指導する機会にもなっている。

受診票アンケート項目

1. 今までにかかった病気はありますか。　　　　　　　　　　ない　ある
2. あやすとよく笑いますか。　　　　笑う（　　か月ころから）　笑わない
3. 動く物を目で追いますか。　　　　追う（　　か月ころから）　追わない
4. 見えない方向から声をかけるとそちらの方を向きますか。
　　　　　　　　　　　　　　　　　　はい（　　か月ころから）　いいえ
5. 首はすわりましたか。　　　　　　はい（　　か月ころから）　いいえ
6. 手やおもちゃを口に持っていき、なめたりしますか。　　　する　しない
7. 目つきや目の動きがおかしいと思ったことはありますか。　ない　ある
8. 母乳やミルクを良く飲みますか。　　　　　　　　　　　　はい　いいえ
9. 母乳やミルクを大量に吐くことがありますか。　　　　　　ない　ある
10. けいれん（ひきつけ）をおこしたことがありますか。　　　ない　ある
11. 栄養方法について、いずれかに○をつけてください。
　　　　　　　　　　　　　　　　　母乳・混合・ミルク
　　　　　　　　　　　　　　母乳　1日（　）回、1回（　）分
　　　　　　　　　　　　　　ミルク1回（　）mlを1日（　）回
12. 便の回数　　　　　　　　　　　　　　　　　　（　）日に（　）回
13. お子様について心配なこと、相談したいことをご記入ください。

あわせて母子手帳の「保護者の記録3〜4か月頃」も確認します。

乳児②
（6〜11か月ころ）

お座り、四つばい、
つかまり立ちから伝い歩きを獲得し、
物を介した人とのやりとりが
始まる時期。

子どもの姿

このころの子どもは、乳児期後半への飛躍的移行を遂げ、運動発達だけでなく、物をつかんだり手放したり、手指を意図的に操作することができるようになる。探索行動が盛んになり、周囲の人や物への関心が高まる一方で、人見知りや後追いをするようになる。安心できる大人との関係のなかで、自分の意思や要求を身振りで表現しようとし始める。さらに、生後10か月ごろは「生後第二の新しい発達の力」が誕生する重要な時期である。

乳児 ② （6～11か月ころ）

発達のようす

生理的機能

〈6～9か月〉
- 脳の重さが出生時の2倍になる。
- 脳の成熟により、上半身の原始反射のほとんどが消失して随意運動が可能になる。
- 中脳・間脳系の成熟が進み、お座り、四つばいができるようになる。
- 1日の睡眠時間は14時間前後になり、生活リズムが安定して、日中の睡眠は午前と午後、夕方の3回となる。
- 離乳食が始まり、乳歯が生え始める。
- 母体免疫から自己免疫へと切り換わるが、まだ病気への抵抗力は弱い。

〈9か月～11か月〉
- 体重が出生時の約3倍になる。
- より高次の大脳系の成熟が進み、お座りや立位でバランスをとる力、手指の操作における調整の力がついてくる。

姿勢・運動

〈6か月〉
- あおむけからうつぶせ、うつぶせからあおむけ、また、左回り、右回りどちらからでも寝返ることができる。
- うつぶせの姿勢で、左右の腕を使い180°～360°の旋回ができる。
- お座りの姿勢で、左へも右へも向くことができるようになる。

〈7～8か月〉
- おなかを床につけ、腕の力で前に進む「ずりばい」での移動が始まる。
- 両手・両足を床につけて体を支え、お座りをする。
- 両手を支えると、わずかに立つことができる。

お座り

ずりばい

発達のようす

〈9か月〉
- 両手とひざを床につけた「四つばい」で移動する。
- 両手を床から離したお座りができる。
- つかまり立ちをし、伝い歩きを始める。

〈10か月〉🌱
- 目標をとらえての移動や段差を乗り越えて四つばいをする。
- 四つばいから座位へ、座位からつかまり立ちへ、立位から座位へなど姿勢の変換を自由に行う。

〈11か月〉
- ひざを伸ばしておしりを上げる「高ばい」で移動し、斜面や段差を乗り越える。
- お座りの姿勢で、両手を肩まで上げられる。
- 自力で床から立ち上がる「ひとり立ち」ができ、片手を支えると足を前に出す。

四つばい

つかまり立ち

高ばい

ひとり立ち

手指の操作

〈6か月〉✿
- 両手に持った物を一方の手に持ち替え、また両手で持って、次にはもう一方の手へという持ち替えを盛んに行う。

〈7～8か月〉
- 差し出された物を両手でつかんだり、一方の手に持つことはできるが、両手に物を持ち続けることは難しい。
- 持っている物が手から離れてしまうことはあっても、自ら自由に離せない。
- 小鈴などの小さい物をわしづかみにする。

〈9か月〉
- 左右の手にそれぞれ物を持ち、自分から離すことができる。
- 2つの物をくっつける、左右交互に次々と物をつかんでは離すことを繰り返し、おもちゃやティッシュを取り出すなど、「散らかす」操作が特徴である。
- 小さい物を人差し指でかき寄せるようにつかむ。

〈10か月〉🌱
- これまでの外に向けて散らかす操作から、「器に物を入れようとする」「積み木の上に積み木をのせようとする」といった内に向けた調整が見られるようになる。
- 親指と人差し指で斜め上から小さい物をつかもうとする。

〈11か月〉
- 両手にそれぞれ物を持ち、さらにもう1つ持とうとしたり、それに注意を向けたりする。
- 左右交互に持った物をのせる、入れる、くっつける、相手に渡すといったことができる。
- 小さい物を親指と人差し指でつまむ。

発達のようす

感覚系（視覚）　言語・認識

〈6か月〉🌸
- 動く物を目で追うだけでなく、2つの物を左右に開いて見せると、右、左、右と繰り返し見比べ、相手を見たりする。

〈7か月〉
- 母親が「ほらブーブーよ」と指さすと、母親の指先や顔を見る。
- 何かを要求するかのように思わず手が出たり、無意味な発声の種類と量が増える。
- 抱っこされるときに、両手を伸ばす。

〈8～9か月〉
- 母親が指さすと、指の先にある物を見つけることができる（ジョイントアテンション＝指さしの理解）。
- 自分から行きたい方へ手を伸ばし、欲しいときに声を出すなど志向性をもった要求の手さしや発声が見られる。
- 「ンマンマンマ」「ナンナンナン」「ダッダッダ」など二音の反復的音声を発する。

〈10か月〉🌱
- 初めての意味のある言葉（初語）を発するようになる。
- 「チョチチョチ、アワワ」「上手上手」「ばんざい」などの身振りを模倣したり、言葉かけに身振りでこたえたりする。
- 欲しい物を指さす（要求の指さし）。

〈11か月〉
- 見つけてうれしい物を指さし（定位の指さし）て母親を見たり、発声が伴うこともある。
- 行きたい所、欲しい物が明確になり、要求と異なる対応をされると怒る。
- 反復的音声は減少し、「ワーワ」「マンマ」など一定の事象・物に一定の音声が結びつき始める。

自我・社会性

〈6か月〉🌸
- 知らない人が抱っこしようとすると嫌がったり、知らない人と対面すると抱っこされている母親に抱きつくように背を向けたりするが、自分から振り返って相手を見ることを繰り返す。

〈7～8か月〉
- 見知らぬ人を避け、母親や保育者などへの特定化を強めていき、次第に後追いや夜泣きが多くなるなどといった「8か月不安」の特徴が見られるようになる。
- 知らない人の顔をわざわざ見て泣く。
- 自分から相手を呼ぶような発声をする。

〈9か月〉
- 特定の人を安全基地としての「よりどころ」にしながら、ほかの人や場所へも気持ちを向け始める。
- 不安な場面でも、特定の親しい人の表情から場面の意味を読み取り（社会的参照）、安心が得られればその状況に向かおうとする。

〈10か月〉🌱
- 「ちょうだい」に対し、手の上に置こうとしたり、ボールを転がして相手に渡そうとしたりする（物を媒介としたコミュニケーション）。
- 鏡に映った自分と他人を見分ける（自分の発見）。
- 自分の名前がわかり、呼ばれると手を挙げる。

〈11か月〉
- 他者が示す喜怒哀楽の基本的な感情がわかる。
- 得意、照れる、かわいがるといった感情を示す。

乳児②
（6〜11か月ころ）

保育のポイント

保育のポイント

ずりばいから四つばいへ

ここをおさえて! 7か月ころ、おなかを付けたずりばいが始まり、9か月ころから四つばいへ、そしてさらに高ばいへと姿勢が変化していきます。それぞれの段階の運動をしっかり行い、体を作っていくことが大切です。

● おいでおいで

保育者が、子どもの視線に入る所に好きなおもちゃや音のする物を示して誘い、子どもがはいはいをして取ろうとする気持ちを引き出します。

Point
目標（物・人）の位置は、動かさない
もっとはいはいをさせたいからと、おもちゃや保育者の手に届きそうなところで、遠ざけたりしないこと（目標物・人は動かさない）。「興味・好奇心をもってはいはいをする→目標に手が届く＝達成感・満足感を味わう」ということの繰り返しにより、自分で動こうという意欲が育つのです。

● 意欲を引き出して

はいはいは、ひざの屈伸と上肢の力とを使って前進します。保育者が足の裏をてのひらで支え、子ども自身が足の屈伸をして前進する経験を重ねましょう。

● 腹ばいを嫌がる子には

お座りを覚えると、腹ばいよりも視線が高くなる座位の姿勢を好み、腹ばい姿勢を嫌がる姿が見られることがあります。ただ、自力ではなく、支えられての座位では、背筋力もしっかりついていないため腰に負担がかかります。また、腹ばい姿勢を十分に経験しないと、背筋力がつかず、上肢を起こす力も育たないため、しっかりした四つばいができないこともあります。この時期は、腹ばいで両手を使ったあそびや、傾斜でのはいはいなどをたくさん経験し、背筋力をつけていきましょう。

乳児② (6～11か月ころ)

お座りのころのあそび

ここをおさえて! 9か月ころから、両手を床から離して自力でお座りをするようになります。はいはいの姿勢と視界が大きく変わるため、子どもはお座りを喜びます。お座りによって開放された両手を使ったあそびなどを取り入れていきましょう。

● 両手を使って

お座りによって開放された両手を使ってあそびます。

後ろや横に転倒する危険があるので、クッションや布団を利用したり、保育者が背面から支えたりする。
※お座りが不安定な時期は、横もクッションなどで支える。

● 自分で立ち直る動きを

不安定な状態から、自分で体勢を立て直す動きの体験をします。

ロールクッションにまたがって / 保育者の足の上で / ボールプールで

つかまり立ちから伝い歩きへ

ここをおさえて! 10か月ころ、さらに高次の大脳系の成熟が進み、立位でバランスをとる力が増し、つかまり立ちから伝い歩きを始めます。目標をとらえて移動するようになるので、そういった姿に合わせて、あそびながら体を動かすことを考えていきます。

● つかまる物を置いて

つかまり立ちのできる高さの台や箱車を使って、楽しみます。

Point 子どもの進む先におもちゃなどがないよう、足元にも気をつけます。保育者の足につまずくこともあるので、決して足を投げ出して座ったりしないように。

はいはいから、つかまり立ちへ。

反対側から保育者が顔を出し、いないいないばあで、立ったりしゃがんだり。

台の上におもちゃを置いて、立ってあそべるように。台はテープなどで留めてしっかり固定する。

箱車を押して歩く。不安定でひっくり返ってしまうので、中に何かを入れて重さを出す。

保育のポイント

ゆさぶりあそび

ここをおさえて！ ゆさぶりあそびは、平衡感覚をはぐくみ、しっかりした体を作ります。また、リズミカルに動かされることで心地よさを感じると、脳からドーパミンが出ます。これは、前頭葉の発達につながります。

乳児①（0〜5か月ころ）
乳児②（6〜11か月ころ）
1歳ころ
2歳ころ
3歳ころ
4歳ころ
5歳ころ
6歳ころ

● 身体的発達に合わせて

6か月ころ（背中がしっかりしたら）
横抱きにして、歌いながら左右に軽く揺らす。

子どもと目を合わせて。

7か月ころ〜
ひざの上に向かい合わせで座らせ、歌いながら上下に軽く揺する。

10か月ころ〜
座位が安定してきたころから、タオルケットなどを使った揺らしあそびも取り入れる。

激しく揺らさないこと。子どもの表情を見ながら、気持ちよさそうな状態をキープする。

タオルケットの上に寝転がり、大人が両端を持って横に揺らす。
保護者が行う場合は、子どもの顔が見える側を持つように。
保護者の笑顔が見られると、子どもも安心する。

Point

「間」を大切に

ずっと同じ調子で揺らすのではなく、緩急をつけることが大事。揺らしている途中、少し止めると、子どもはもっとやってほしくて自分から体を反らしたり、「アーアー」と言ったりして要求します。この子どもの要求を引き出す「間」が大切です。

子どもの様子を確認しながら

揺さぶりあそびでは、子ども自身が心地よく思っているかどうかが重要です。あそびながらも、子どもが楽しそうな表情をしているのか、笑い声を出しているかを確認しましょう。大人と目を合わせて楽しむことで、相手との信頼関係も育ちます。

21

乳児② (6〜11か月ころ)

発語を促すかかわり
〜指さし・言葉（音声）への対応〜

ここをおさえて！ この時期から見られる手さし、指さしは、話し言葉につながる重要な特徴です。また同時期、なん語の発達も盛んで、無意味な発声から意味をもつ音声になっていきます。大人が、その手さし・指さし、言葉（音声）に丁寧に対応していくことが、子どもの言語への関心を高めていきます。

● 指さしと言葉の発達

言葉や自我の発達にとても重要な指さし・言葉（音声）は、次のように発達していきます。

6〜7か月ころ
手を出す
相手のしていることや行動につられるように手が出る。

8〜9か月ころ
ジョイントアテンション（指さしの理解）

母親に抱かれるなど相手（第二者）と一体となっているときに、相手が指さす物を見ることができる。

志向の手さし・指さし

同じ状況で興味のある物を見つけてその方向へ手や指を出す。声を伴うことも。

10〜11か月ころ
要求の指さし

欲しい物、行きたい方向などを指さして訴える。指さしとともに声を出したり、そばにいる母親を見たりする。

定位の指さし

動物、乗り物、食べ物など、見つけてうれしい物を指さす。

※その後、1歳6か月ころから、母親など第二者に「お父さんはどこ？」など第三者の存在を尋ねられたときに、その方向を指さして答える「可逆の指さし」が見られるようになる。第二者との間で第三者を共有するということで、この可逆の指さしが盛んになると、一語文を中心とした話し言葉が飛躍的に増えていく（詳細はP.27）。

● 言葉で対応して

保育者が大切にしたいのは、子どもの手さしや指さし、音声に、言葉で対応していくことです。
例えば、「あー」「うー」といった無意味な発声の段階から、「はーい」「なあに」などと応じること。このやりとりの繰り返しによって、子どもは「この人は自分の要求に応じてくれる」とわかり、言葉や発声などで自己表現をする意欲につながります。
また、その後の意味をもった指さしや音声を、言葉に代えてこたえていくことで、子どもの言語理解の力が育ちます。この時期の大人から与えられる言葉が子どものなかに蓄えられ、それが後の発語につながっていくのです。
1歳を過ぎるころ、大人の簡単な言葉の指示を理解するようになっていきますが、「お外に行くよ」「御飯食べようね」など行動を促すときの言葉は、はっきりと簡潔に伝えることが大事です。

保育のポイント

人見知りへの対応

ここをおさえて! 6か月ころから、見知らぬ人を避けたり嫌がったりという「人見知り」が見られるようになります。この時期、特定の大人との愛着・信頼関係をしっかりと築くことが、その後の社会性の発達につながります。

● 安心できる大人との関係作り

「人見知り」の時期、特定の大人との安心できる関係作りが大切になります。一番は母親ですが、園ではその役割を保育者が担うことになります。なるべく一定の保育者がかかわるようにしましょう。その子が好きな物、興味のある物を介して、かかわるのもいいでしょう。「この人は自分に悪いことをしない」とわかり、「この人といると安心」と思えるようになってきます。

Point
保育者は、母親から離れるときに子どもが泣いても、「発達の過程で当たり前のこと」ととらえ、母親や子どもに不安な様子を見せないこと。母親が預けることに不安を感じてしまいます。

● 安全基地⇔外界を行き来して

人見知りが見られるころは、興味・関心が広がる時期でもあります。安心できる人や場所という「安全基地」を作った上で、そこから出て行こうとする気持ちも大切にしましょう。
保育者が抱いた状態でほかの人や物にかかわることから始め、外とのつながりを作っていきます。離れても、すぐに戻れるという安心感があれば、安全基地と外界との行き来の繰り返しで、子どもは徐々に世界を広げていくのです。

離乳食の進め方

ここをおさえて! 離乳は、家庭と連携し、子どもの様子を確認しながら進めていくことが大事です。ひとりひとりの姿・発達に合わせて、この時期に丁寧にかかわることが、摂食機能の発達や食への意欲を促し、食べることが好きな子どもにしていきます。

● 食べる様子と支援のポイント

離乳開始の発達的な目安として、
- 首がすわる
- 支えられて座ることができる
- 食べ物に興味を示す
- ほ乳反射の減弱（スプーンを口に入れても舌で押し出すことが減る）

などが挙げられますが、子どもの様子を見ながら家庭と相談し、開始時期を決めていきましょう。
支援にあたって保育者は、子どもと向かい合い、表情や口の動き、口に入れた食品の状態をしっかり見て、確認しながら進めるようにしましょう。

5～6か月ころ（開始時期）
口を閉じて食べ物をえん下（飲み込む）反射が出る位置まで送り、飲み込むことを覚える。

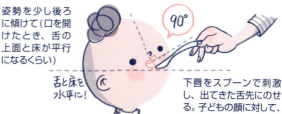

姿勢を少し後ろに傾けて（口を開けたとき、舌の上面と床が平行になるくらい）

下唇をスプーンで刺激し、出てきた舌先にのせる。子どもの顔に対して、スプーンを直角に入れると、取り込みやすい。

※新しい食品は一さじずつ与え、子どもの様子を見ながら、量を増やしていく。

乳児②（6〜11か月ころ）

保育のポイント

7〜8か月ころ
上下の唇を使って食べ物を取り込み、舌と上あごでつぶしてから飲み込むことを覚える。

食べ物をつぶしているとき左右の口角が伸び縮みするので、確認する。

下唇をスプーンで刺激して、上唇が閉じるのを待つ。閉じたら、上下唇で食べ物を挟み取るように促す。慣れてきたら、子どもが自分からスプーンに口をもってくるまで待ってみる。

9〜11か月ころ
奥の歯ぐきでつぶすことを覚える。

少し丸み（くぼみ）のあるスプーンを使う。

食べ物を唇で挟み取り、舌で奥の歯ぐきに送っているか。しっかりかんでつぶしているかを、口の動き（上下の唇がねじれる、かんでいる側のあごがしゃくれる、など）を見て確認。
※様子を見ながら、手づかみ食べも勧めていく。

12〜18か月ころ（完了時期）
唇や口角を自由に動かし、奥歯でかめるようになる。口へ詰め込みすぎたり、食べこぼしたりしながら、一口の量を自分で覚える。

手づかみ食べを中心に自分で食べることを大切にし、様子を見ながら介助。毎回食卓には子ども用のスプーンを用意し、食具への興味も促す。
※無理に勧めて、食事が嫌にならないように注意する。

Point
子どもの姿勢を確認し、必要に応じていすやテーブルを調整します。
- テーブルは、ひじより高くならないように。
- 足が床につかなければ、台を設置。
- クッションを入れて背中がいすの背面にしっかり付くように。
- ひざ、おしり、腰がしっかりといすの座面に合うように。

離乳食 進め方の目安

この表はあくまでも目安です。子どもの様子や成長の経過を見ながら、始める時期や食事の量、調理形態を調整していきます。

			離乳の開始 → → → 完了			
月齢			5〜6か月ころ	7〜8か月ころ	9〜11か月ころ	12〜18か月ころ
食事の目安	回数	離乳食	1日1回	1日2回	1日3回	1日3回
		母乳・育児用ミルク	欲するままに、飲みたいだけ与える。	離乳食後に与え、それとは別に、母乳は欲するままに、ミルクは1日3回程度。	離乳食後に与え、それとは別に、母乳は欲するままに、ミルクは1日2回程度。	子どもの状況に応じて与える。
	調理形態		なめらかにすりつぶした状態（ポタージュくらい）	舌でつぶせる固さ（飲み込みやすいよう、とろみをつける工夫も）	歯ぐきでつぶせる固さ（指で押しつぶせるバナナくらいが目安）	歯ぐきでかめる固さ（肉だんごくらいが目安）
	1回当たりの目安量	Ⅰ 穀類	つぶしがゆから始め、すりつぶした野菜、果物、さらにつぶした豆腐、白身魚など、種類を増やしていく。	全がゆ 50〜80g	全がゆ90g → 軟飯80g	軟飯90g → 御飯80g
		Ⅱ 野菜・果物		20〜30g	30〜40g	40〜50g
		Ⅲ 魚		10〜15g	15g	15〜20g
		または肉		10〜15g	15g	15〜20g
		または豆腐		30〜40g	45g	50〜55g
		または卵		卵黄1〜全卵1/3個	全卵1/2個	全卵1/2〜2/3個
		または乳製品		50〜70g	80g	100g
生理的機能の発達			ほ乳反射が少なくなり、乳汁の摂取も随意的な動きになる。	乳歯が生え始める。	上あごと下あごが合わさるようになる。	前歯が8本生えそろい、奥歯（第一乳臼歯）が生え始める。
食べる様子			口に入った食べ物を、えん下反射が出る位置まで送ることを覚える。	口の前のほうを使って食べ物を取り込み、舌と上あごでつぶしていく動きを覚える。	舌と上あごでつぶせないものを歯ぐきの上でつぶすことを覚える。	基本的なそしゃく運動の完成。手づかみ食べを中心に、一口の量を覚える。

※参考文献＝『授乳・離乳の支援ガイド』（厚生労働省）

1歳ころ
(1〜2歳)

歩行が確立して生活空間が広がり、道具を使い、言葉を話し始める時期。

子どもの姿

このころの子どもは、歩くことを通して外の世界への関心を広げ、寄り道や道草をするなかでさまざまな発見をするようになる。生活やあそびのなかでは「入れる」「のせる」などの物の操作をはじめ道具への興味・関心が高まり、積極的に使おうとし始める。また、自分の要求が明確になり、指さしや身振り、言葉を使って伝えようとしたり、大人からの指示など簡単な言葉を理解できるようになる。これらは、1歳前半では「〜ダ」という活動・認識を特徴とし、1歳半ばころに「〜デハナイ…ダ」という活動・認識へと飛躍的移行を遂げていく。

1歳ころ 発達のようす

生理的機能

- 1歳3か月で、目覚めている1回の時間が3.5時間前後になり、日中の睡眠が午前と午後の2回になる。
- 身長76〜78cm、体重9.5〜10kg程度となる。
- 身長、体重などの伸びが安定し、半年で身長は約5cm、体重は約1kg増加する。
- 1歳6か月ころには、脳の重さが1000gを超え、出生時の3倍になるとともに、内部の構造も成人の脳に似てくる。
- 目覚めている1回の時間が5時間前後となり、午睡が1回になる。
- 排せつの随意的な制御はできないが、排せつ間隔が2時間を超えるようになり、その回数が減ってくる。
- 乳歯の数は、1歳6か月ころには上下左右の奥歯(第一乳臼歯)が生え、全部で12〜16本になる。
- 離乳が完了し、幼児食が進む。

全身運動

〈1歳〜1歳3か月〉
- 歩行が始まる。初めは両手を前や横に上げてバランスをとる。
- 片手を支えると階段を登ることができ始める。
- 頭から布団に入ろうとしたり、いすの背もたれに向かって座ろうとしたり、自分の体を目的に合わせて方向転換をすることが難しい(「〜ダ」という特徴)。

〈1歳3か月〜1歳6か月〉
- 滑り台では、おなかを付けて足から滑るなど、体の向きの転換が始まる。

〈1歳6か月〜2歳〉✿
- 滑り台をすべるときに、「頭からデハナイ足から」、「おなかデハナイおしりを付けて」など、体の向きを「〜デハナイ…ダ」と方向転換して滑るようになる。

- 歩行が安定し、走ることができるようになり、散歩での道草が楽しくなる。
- 手すりを持って階段の上り下りができる。
- 両足跳びや段差からの飛び降りなどに盛んに挑戦する。
- 段差のある歩道の端や側溝に沿って歩く。
- しゃがんだ姿勢であそぶ。

手指の操作

〈1歳〜1歳3か月〉
- 器に物を「入れる」操作を継続的に行うが、2つの器に入れ分けることは難しく、どちらか一方へ入れてしまうことが多い(「〜ダ」という特徴)。
- 積み木を2個程度積めるようになる。

〈1歳3か月〜1歳6か月〉
- スプーンやスコップで、すくったり入れたりができ始める。
- 積み木を3〜10個程度高く積む。

〈1歳6か月〜2歳〉✿
- 2つの器に物を入れ分けることができ、一方から他方への移し替えを繰り返す(「〜デハナイ…ダ」)。
- 積み木を高く積むだけでなく、崩れると自分から積み直す。さらに長く並べることもできるようになり、その過程で小さなゆがみの調整をする。
- 大中小の3つの入れ子を試行錯誤しつつも入れられる。
- 丸、三角、四角などの基本的な型はめが楽しくなる。
- モデルをまねて円錯画をかく。

型はめ

入れ子

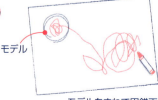
モデル

モデルをまねて円錯画

発達のようす

言語・認識

〈1歳～1歳3か月〉
- 「お外に行くよ」「マンマだよ」など簡単な言葉の指示を理解する。
- 単語の語尾や語頭を表現する（バスの「バ」、靴の「チュ」など）。

〈1歳3か月～1歳6か月〉
- 「ワンワンどれ？」などと聞かれると、自分の気に入った物を指さして答えることが多いが、聞かれた物を視線でとらえることもし始める。
- 四足動物は「ワーワ」、乗り物は「ブーブ」、食べ物は「マンマ」など、共通する特徴をもつグループの名称としての言葉が見られてくる。

〈1歳6か月～2歳〉
- 「ワンワンどれ？」や「ブーブはどれ？」などと聞かれたことに対し、それらを含む複数の物（絵本など）のなかから、「～デハナイ…ダ」という認識を発揮して、聞かれた物を指さして答えること（可逆の指さし）ができ、答えられる物が増加する。
- 鼻や口など自分の体の部位について尋ねると指をさして答えるようになり、目や耳、手足など対になった物の一方を答えた後に「もう一つは？」と尋ねるともう一方も答えられるようになる（対の指さし）。
- 言葉の理解が進むとともに、共通する特徴をもつグループ内での区別をし、四足動物のうち、イヌには「ワンワン」、ネコには「ニャーニャ」、ウシには「モーモ」などと2つ重ねの言葉で表現し始める。

自我・社会性

〈1歳～1歳3か月〉
- 周囲の状況や相手の意向に関係なく、自分の思いを一方的に通そうとする「自我」が芽生える（「～ダ」という特徴）。
- 「だめ」と禁止されるとひっくり返ったり、泣いたりして全面的な拒否になりやすい。その反面、その場の雰囲気に巻き込まれて要求が持続しない。
- 持っている物を友達に取られそうになると抵抗する。
- 食事場面では、手づかみやスプーンを使って自分で食べようとし始める。

〈1歳3か月～1歳6か月〉
- 着脱を「自分でしよう」とし、ズボンを足に入れたら立ち上がって引っ張るなど身辺自立に必要な基本動作が身につく。
- 「～したい」「～が欲しい」という思いが強まり、応じてもらえないと、のけぞったり床にひっくり返ったりする。

〈1歳6か月～2歳〉
- 自分と相手の要求を「～デハナイ…ダ」と対比的にとらえ始め、周囲の雰囲気でごまかされない。
- 要求を実現するために回り道をするなど、粘り強さが見られてくる。
- 場面の切り替えができ始め、周囲の状況や相手の意向によって自分の要求をおさめたり、気持ちを立ち直らせることもするが、思いあまって、あるいは自分の気持ちをうまく表現できずに、かみついてしまうことがある。
- 要求実現の際に「～チャンモ」と自分の名前を使ったり、自分の所有物を「～チャンノ」と主張する。

1歳ころ 保育のポイント

全身を動かして

ここをおさえて! 歩行が安定してくるこの時期。起伏のある道や階段などいろいろな場所を歩いたり、よじ登ったり、はったり、全身を使って動くことで、運動機能の発達を促していきます。

● 四つばいの動きを多く取り入れて

安全の確保がしやすい園内で、手足を使った動きをたくさん楽しみます。

Point
歩き始めると、あまりはいはいをしなくなってしまいますが、四つばいは全身の機能発達においてとても重要な運動なので、意図的に行いたいものです。自然に「はいはい」の運動ができるよう工夫しましょう。

階段で

園内の階段を、はいはいで上り、下りるときは後ろ向きの四つばいで。

長廊下で

巧技台を組み合わせて、細長いコースを作る。はしごやトンネルを入れると、自然と四つばいの運動ができる。

保育のポイント

● 起伏のある場所で

起伏があったり、地面が柔らかかったり、不安定な所で足腰を使う動きを行います。

傾斜面

近くの公園など、傾斜面のある場所をあえて選んで歩く。傾斜がきつければ、自然と手も使った全身運動になる。

タイヤ山

タイヤを組み合わせて起伏のある不安定な場所を作り、上り下りを楽しむ。

布団山

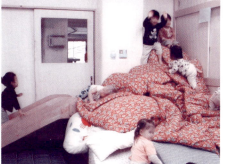

室内の押し入れなどを利用して、大量の布団やマットを組み合わせて山を作る。これも不安定な場となり、上り下りするだけで、全身運動になる。

砂山・泥んこ

砂や泥んこの地面は不安定。その場所であそぶだけで、足腰をしっかり使った動きになる。保育者が高い砂山を作ると、足を取られながらも一生懸命登る。

●「歩きたい欲求」を満たして

自分で歩けるようになると、手をつないだり、乳母車に乗ったりすることを嫌がるようになります。1人で思う存分歩き回れるスペースと時間を用意し、子どもの歩きたい欲求を満たすようにします。

公園など広くて安全な場所で自由に歩き回る。

Point
安全のために
● 子どもが1人で歩いているとき、保育者は転倒に注意しながら、子どもの後ろ（すばやく対応できる距離）について見守り、子どもが「自分で歩いている」ことを実感できるようにする。
● 車が通るなど危険な場所では、「絶対に手をつながなければだめ」だと知らせる。

1歳ころ

ぐるぐるなぐりがき

ここをおさえて！ なぐりがきは、リズム感などの感覚、外界に働きかける積極性、手の動きをコントロールする力などさまざまな発達を促す活動です。感触あそびの経験を積み、肩、ひじ、手首を使った運動が豊かになるこのころ、「描く活動」を導入していきたい時期です。

● 往復線からぐるぐる丸へ

1歳前期ころは腕を動かす際、肩を支点とする運動が主で、描画材を持っても、往復線をかくなぐりがきが中心です。それが1歳後期、歩行が確立して、たくさん体を動かすようになるころ、腕を肩とひじの2支点の協応で動かすようになります。すると、描画はぐるぐるとかく円錯画になっていきます。
そしてこの1～2歳は、自我が芽生える時期でもあり、表現する力が拡大していくにしたがって、かくものにも変化が表れてきます。

● この時期に合った描画材

丸型のクレヨン

握りやすく、てのひらですっぽり握ることができる。

ブロック型クレヨン

3指（親指、人差し指、中指）で握ることができ、なめらかで滑りやすいので、力が弱くてもかきやすい。

水性フェルトペン

力が弱くてもかきやすい。太めで握りやすい

タンポ

フィルムケースを利用して作る（割りばしで作るより、握りやすく安全）。

● 大きな紙に楽しくかこう

とにかく「楽しくかく」ことで、意欲につなげることが大切です。思い切り腕を動かして自由にかけるように、大きな紙を用意しましょう。紙質は、腰が強く薄手で、滑りのよい物がいいでしょう。

1人で / **数人で**

四つ切り画用紙で自由に。　模造紙1枚で。

みんなで

部屋いっぱいに模造紙をつなぎ合わせ、床に広げてかく。

Point
保育者の対応
- 子どもと同じ向きからその子の絵を見て対応する。
- 言葉をかけるときは、「○○なの？」など具体的なイメージに結びつけたり誘ったりするのではなく、かく楽しさを共感するようにする。

かみつきへの対応

ここをおさえて！ 自我が芽生え、自分の思いを出し始めるもののうまく表現できないという時期にあたる1歳児クラスでは、「かみつき」が現れてきます。これはこの時期の子どもたちのつたない気持ちの伝え合いのひとつです。対人関係をうまくつなぐための工夫が大切です。

● かみつきの原因

この時期、主にかみつきの原因となるのは、おもちゃや場所の取り合いです。例えば、「あそんでいたおもちゃをほかの子に取られ、その子をかむ（あるいは取られまいとしてかむ）」といったことです。
このとき子どもたちは、互いに物（おもちゃ）にしか目がいっていないようです。「○○をしている△△ちゃん」と見るのではなく、ただおもちゃが欲しくて手を伸ばす。取られた側は、「取ろうとする手」しか目に入らず、それを防ごうとする……。「ちょうだい」「だめ」など言葉での主張は難しい時期なので、それをかむという行為で知らせるのです。

● かみつきをなくすために

保育者は、人をかんではいけないと子どもにしっかり伝えていくことと、なぜかむのか、その背景・気持ち・状況を読み取り、下記のような観点で、自分たちの保育を見直していくことが大切です。

☐ **未然に防ぐ**
　トラブルになりそうな場面は、ある程度予測がつくので、保育者はそばについて未然に止められるようにする。

☐ **日中（特に午前中）のあそびの充実**
　全身を使った活動・戸外活動、感触あそび、じっくりとひとりあそび、といった活動で思い切り発散して満足することが、気持ちの安定につながる。

☐ **ひとりひとりの場と物を保障**
　● 個々のあそびが重なり合わないように、広いスペースを確保したり、仕切りを設けたりする。
　● 1人あたりのおもちゃの数を豊富にし、1つしかないものはなるべく出さない。

☐ **言葉で表そうとする気持ちを育てる**
　思いをうまく表現できない子どもの気持ちを代弁し、子どもが自分から「言葉で表そう」とする気持ちを育てる。

☐ **子ども同士のやりとりをつなぐ**
　少人数で一緒にコーナーを作り、保育者が中に入って子ども同士のやりとりをつなぐ。

● 保護者への対応

家庭でのかかわり方
この時期は家庭でも保護者にかみついている子が結構います。保護者が愛情表現やふざけっこのひとつとして受け止めていることも多いので、

● かみつきは、相手を傷つける行為であり、絶対にやめさせたいことである。
● かみつくのではなく、言葉や適切な動作で表現できるように促す。

ということを話し、家庭でもかみつきを止めるよう協力を仰ぎます。

起きてしまったら
園でかみつきが起きてしまったら、まずそれを止められなかったことを丁寧に謝ったうえで、かんだ側、かまれた側、双方の保護者に話をします。その際、なるべく子どもの名前は出さず、どうしてそういうことが起きてしまったか、子どもの発達的要素、その場の状況、それぞれの思いなどを丁寧に伝えていきます。
また、1歳児クラスの保護者会で全体に向けて、かみつきなどのトラブルが起きやすい時期であることを発達的視点から話しておくことも必要です。

1歳ころ

トイレトレーニングの進め方

ここをおさえて! まだ排せつを意識的に制御することは難しいものの、排せつ間隔は2時間を超えるようになります。そして延髄の「反射」で行われていた排尿も、大脳の発達に伴い、2歳前後には尿意を感じられるようになっていきます。

● おむつ外しのタイミング

トイレトレーニングの開始は年齢で決めず、子どもの状態を見ながら、個々に合わせて進めていきます。

● 排尿間隔が空いてきて、その間隔が一定になってくる。
● 1回の尿量が多くなる。

などを目安に、保護者と相談して開始時期や進め方を検討します。園では、午睡明けにおむつがぬれていないときにトイレに誘うことから始めてみるとよいでしょう。

● 子どもの気持ちに合わせて

2歳前後から徐々に尿意を感じるようになり、またに手を当てたり、足踏みをしたりして「おしっこ出そう」というサインを表すようになります。保育者は個々のサインの出し方を把握し、そのサインに気づいたら、「おしっこ出る?」「トイレに行こうか」などと声をかけて誘います。

そしてトイレで排尿できたときは、「おしっこ出たね」と、子どもとともに喜びましょう。もらしたり、間に合わなかったりしても、決して責めることのないように。笑顔で「おしっこ出たね」と言葉で伝え、子どもが「失敗した」という思いを抱かないようにしましょう。

● チェック表を活用して

子どもの排せつ時間を記録していくと、それぞれの排尿間隔がつかみやすくなります。表を見ながら、個々にタイミングよく声をかけていきましょう。

Point

尿意を感じても、言葉で知らせるのはまだ難しいでしょう。ただ、保育者がかかわるなかでは、「おしっこ出そう」「おしっこ出たね」など、子どもの思いや行動を常に言葉に代えて伝えていくことが大切です。その繰り返しが、「この感覚はおしっこが出そうということなんだ」という理解につながっていきます。

保育のポイント

スプーンを使う

ここをおさえて! スプーンを使うためには、握る、腕を持ち上げる、唇を閉じて食べ物をすくい取るなど、さまざまな運動機能の発達が必要ですが、一番大切なのは意欲。食べたい、スプーンを持ちたいという意欲を確認した上で進めていきます。

● 導入の仕方

上腕を自分の意思で動かし、物を握ったり離したりが自由にできるようになるこのころが、スプーン導入の時期です。離乳食は完了し、手づかみで食べながらも、保育者や友達の持っているスプーンに興味を示し始めるでしょう。食卓に、子ども用のスプーンを用意して、持つように誘っていきます。

使っても使わなくても、毎回必ず食卓にスプーンを用意して、「○○ちゃんのスプーンね」と意識できるようにします。

● あそびのなかで

保育室に手指を使うおもちゃを用意しましょう。楽しみながら手指の運動をたくさん行うことで、スプーンの持ち方もしっかりしてきます。ままごとでスプーンを使ったあそびを取り入れるのもよいでしょう。

● 持ち方を伝える

持ち方を伝えるとき、保育者は自分もスプーンを持って子どもの隣に座り、手の動きが同じになるようにし、やって見せながら伝えます。

Point
初めからすべてをスプーンで食べるのではなく、手づかみや保育者の介助も一緒に行います。メニューや調理形態に合わせて、介助していきましょう。

このような順序で
持ち方は、次のような順序で伝えていきます。子どもの発達やその日の機嫌などを考慮して、無理のないように進めましょう。

1歳〜1歳6か月ころ	1歳6か月〜2歳ころ	2歳ころから

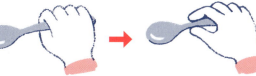

てのひら全体で握る。　　親指、人差し指、中指の3本を使い、やわらかく握る。　　鉛筆の持ち方で。

乳児①(0〜5か月ころ)
乳児②(6〜11か月ころ)
1歳ころ
2歳ころ
3歳ころ
4歳ころ
5歳ころ
6歳ころ

Column 乳幼児健康診査

1歳6か月児健診 ～基本的生活習慣、歩行、言語面の確認～

法的に定められている最初の健康診査で、主な目的は、心身の発達の確認、疾病の早期発見と健全育成です。また、保護者からの相談を受け、育児不安の緩和に努めています。ほかの健診と同様、事前に配布される受診票に必要事項を記入し、母子手帳とともに持参します。身体測定の後、医師による内科的診察を行い、受診票内アンケートの回答と母子手帳記載の項目などを合わせて、子どもの状態を確認していきます。幼児期初期、歩行や言語の表出など、心身の発達が顕著に表れる時期でもあるので、健診でも、自立歩行や言語（表出および理解）に関する発育の確認がポイントになっています。その後、歯科健診※も行います。

※歯科健診（1歳6か月児）
港区の1歳6か月児健診時に行う歯科健診では、健診結果（受診票控え）と母子手帳、事前に記入した保健所アンケートを持参し、歯科医師による歯科健診と歯科衛生士による指導を実施。当日は発達障害も視野に入れ、保健師、管理栄養士、心理相談員などの専門職による育児相談・指導も行っています。

受診票アンケート項目

1. からだの異常や心配なことがありますか。　　ない　ある
   （1）目がよく見えない　目つきがおかしい　（2）耳が遠いように思う　（3）その他具体的に
2. からだの発育について心配なことがありますか。　　ない　ある
   （1）ふとりすぎ　（2）やせすぎ　（3）その他具体的に
3. 食事について心配なことがありますか。　　ない　ある
   （1）よく食べない　（2）食べすぎる　（3）食事にかたよりがある　（4）その他具体的に
4. ひとりで上手に歩けますか。　　はい　いいえ　わからない
5. ほしぶどうのような小さいものを指先でつまんで拾えますか。　　はい　いいえ　わからない
6. 絵本を見せて知っているものを聞くと指でさしますか。　　はい　いいえ　わからない
7. 名前を呼ぶとその方をふりむきますか。　　はい　いいえ　わからない
8. 意味のあるかたことを言いますか。（たとえば、お母さんを「ママ」など）　　はい　いいえ　わからない
9. オモチャの自動車を走らせたり、人形を抱いたりして遊びますか。　　はい　いいえ　わからない
10. テレビやおとなの身振りなどのまねをしますか。　　はい　いいえ　わからない
11. スプーンなどをつかって食べようとしますか。　　はい　いいえ　わからない
12. 何かこわいことがあるとお母さんなどなじみのある人にしがみついたりしますか。　　はい　いいえ　わからない
13. 顔を合わせようとしてもいつも顔を見ずに目をそらしてしまいますか。（目があわない）　　はい　いいえ　わからない
14. だれがいてもまるで人がいないかのように、全く無視して動き回っていますか。　　はい　いいえ　わからない
15. 何か心配なことや相談したいことがあればご記入ください。

保健所用アンケート　お子さんの日ごろの様子に関する項目 （M-CHAT 乳幼児期自閉症チェックリスト重要項目）

お子さんの日ごろの様子について、はい　か　いいえ　の当てはまるものに○をつけてください。

1. 他の子どもに興味がありますか?　　はい　いいえ
2. 何か欲しいモノがある時、指をさして要求しますか?　　はい　いいえ
3. 何かに興味を持った時、指をさして伝えようとしますか?　　はい　いいえ
4. あなたに見てほしいモノがある時、それを見せに持ってきますか?　　はい　いいえ
5. あなたのすることをまねしますか?（たとえば、口をとがらせてみると、顔まねをしようとしますか?）　　はい　いいえ
6. あなたが名前を呼ぶと、反応しますか?　　はい　いいえ
7. あなたが部屋の中の離れたところにあるオモチャを指でさすと、お子さんはその方向を見ますか?　　はい　いいえ
8. お子さんの耳が聞こえないのではないかと心配されたことがありますか?　　はい　いいえ
9. 言われたことばをわかっていますか?　　はい　いいえ
10. いつもと違うことがある時、あなたの顔を見て反応を確かめますか?　　はい　いいえ

あわせて母子手帳の「保護者の記録1歳6か月の頃」も確認します。

2歳ころ
（2〜3歳）

歩く、走る、跳ぶなどの
運動機能が発達し、
自己主張が強くなる時期。

子どもの姿

このころの子どもは、段差や斜面などでの歩行や走行、飛び降りなど運動機能が発達し、シールをはがしたり指先に力を入れて紙を折るなど手指の制御が進む。また、象徴機能の発達により、積木を食べ物に見立てるなどのあそびが盛んになり、それらを表現する語彙も増加する。単語から二語文、さらには「大小」「長短」などの二次元的な概念および自他を区別する二次元的認識を獲得する。この時期は、何でも自分でしようと強く主張するとともに、自分の気持ちが尊重され、自分を認めてもらうことを求める姿が見られる。

2歳ころ 発達のようす

生理的機能

- 身長85〜95cm程度、体重12〜14kg前後、脳の重量はおよそ100g程度増加する。
- 乳歯は20本生えそろう。
- 心臓、肺、胃、腸などの内臓組織や機能が急速に成熟する。
- 胃の容量は約500mlを超え、成人の1/3〜1/4となり、食事の際に、舌を回しながらかんで食べるようになる。
- ぼうこうや肛門の括約筋が大脳皮質によって制御されるようになり、排せつの予告、さらに排せつの自立が進む。
- 自律神経系の成熟とかかわって、ストレスなどによる自律神経失調症が起こりやすくなる。
- 2歳後半は、きつ音の第一始期である。

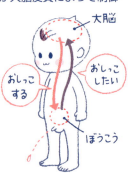

手指の操作

〈2歳〜2歳6か月〉
- 積み木を高く積んだ後に長く並べるなど、「積む→並べる」「高く→低く（積む）」といった複数の異なる操作を順に展開する。
- 粘土など変化する素材を、引っ張ったりねじったり、指先に力を入れて形を変えたりし始める。
- モデルをまねて縦線や横線をかくといった手の制御ができ、十字にも挑戦し始める。
- Vサインをする。
- シールをはがす、紙を折って折り目をつけることをし始める。

〈2歳6か月〜3歳〉
- 「並べる」＋「積む」という異なる操作を組み合わせて1つの物（トラックや家など）を構成する。
- 縦線と横線を組み合わせた「十字」や始点と終点を組み合わせた「丸」をかくようになる。
- 折り紙を表に返し、指先に力を込めて、二つ折りや四つ折りをする。

全身運動

〈2歳〜2歳6か月〉
- 立位から斜めの姿勢を獲得する。
- 大風に向かって歩いたり、水の中を渡ったり、小さな溝をまたいだり、段差から飛び降りたりなど全身でさまざまな抵抗に立ち向かう。
- 「速い―遅い」「強い―弱い」「高い―低い」などの動きを自己調整し始め、言葉に合わせて動作を開始・制止することに挑戦する。

〈2歳6か月〜3歳〉
- 静止姿勢では直立ができ、モデルがあれば開脚、背伸び、股のぞき、あるいは両手を前に伸ばしたり、上にあげたり、片足を上げたりなど上肢、下肢にもう一つ制御を加えるという姿勢がさまざまにでき始める。
- 左右交互に足を出して階段を上る。
- 三輪車にまたがり、足でけって前に進む。

発達のようす

 ### 言語・認識

〈2歳～2歳6か月〉
- 語い数は2歳ころで300前後、2歳6か月には500語。
- 語いの増加に加えて、「ワンワン、イタ」「ブーブ、キタ」「オチャ、チョウダイ」など軸になる語（ワンワンやブーブ、～チャン）に動詞を組み合わせて、多様な二語文を話すようになる。
- 積み木の構成や粘土など自分で作った物を、食べ物や乗り物など何かに見立てるようになる。
- 「大きいと小さい」「たくさんと少し」「長いと短い」「熱いと冷たい」などのさまざまな二次元的認識を獲得し、表現し始める。

〈2歳6か月～3歳〉
- 語い数は3歳でおよそ1000語。
- 「ナンデ？」を含む問いが、対比的な二次元の一方を知りたいときに多く見られる。
- 発展的な二次元の概念として、性別（男・女）、姓名（苗字と名前）、年齢（2歳の次は3歳など）を獲得する。
- 見立てから簡単なごっこあそびへ展開し始める。

 ### 自我・社会性

〈2歳～2歳6か月〉
- 二次元的な認識は、自分の領域と他者の領域をとらえ、「他者の」ではない「自分の」領域を「モット、モット」と大きくしていく。
- 自分の領域を守ろうとして、食べ物やおもちゃ、気に入った物など何でも独り占めする。
- お菓子などを配るように頼むと、すべて自分の物にする（「自我の拡大」の特徴）ことから、しだいに自分の分を最大にしつつも他者にも最小限は配るといった他者とのつながりをもとうとするようになる。
- 自分のいすや午睡の布団などは、自分の大切な"場所"であり、そこへ他児や他者が座ったり入ったりすると怒ったり、泣いて追い出したりする。
- 衣服の着脱や階段上りといった日常の行動を、初めから最後まで手伝われずに「ジブンデしたい」という気持ちや、自分でできないところは「テツダッテ」と助けを求める気持ち、またできる姿を「ミテテ」と要求する気持ちなど、自分の思いを認めてほしい気持ちが強まる。

〈2歳6か月～3歳〉
- 信頼できる人間関係のなかで、自分の意図や要求を主張し、受け止められる経験を通して他者を受け入れること（＝「自我の充実」）ができ始める。
- お菓子の配分などでは、自分と他者とは同等にし、余りがある場合はそれを自分に配るといった特徴が見られる。

2歳ころ　保育のポイント

いろいろな動きを楽しんで
~二次元の理解から動きの調整~

ここをおさえて！ 速く⇔ゆっくり、強く⇔弱く、高く⇔低くといった違いがわかり、動きを調整する力も出てきます。この二次元の世界を取り入れた運動あそびで、さまざまな協応動作を体験します。身近な大人の動きに興味をもつようになっているので、模倣するあそびを進めるとよいでしょう。

● 動物まねっこ

動物になりきって動くなかで、体のいろいろな部位を動かし、調整していきます。保育者が率先して動き、それを子どもたちがまねをするように楽しみましょう。保育者は一緒にあそぶなかで、ひとりひとりの動きを確認していきます。

ウサギ
両手を頭に当てて、両足ジャンプ。

両手を上げたままジャンプしているか？

カニ
両手をチョキにして横歩き。

Vサインができ始める時期。チョキに意識がいっているか？

ゾウ
片腕を伸ばしてゆらゆら動かしながら、大またで歩く。

ゆっくり、大また、という動きの調整をしているか？

イヌ
両手両足をつき、四つばいで前進。

てのひらはきちんと床についているか。手足は左右交互にバランスよく出ているか。

ペンギン
両手を体側に下ろし、つばさのようにしてかかとで歩く。

この動きはまだ難しい時期。大人の動きをまねて挑戦する気持ちが大切。

保育のポイント

● 二次元の世界を楽しんで

Point 動きと言葉をつなげることで、子どものなかにいろいろな動きの違いが認識されていく。

「ゆっくり」「速く」
「そーっと、そーっと」「速いぞ、待てー」など声をかけて、動きの速さを調整する。保育者がオオカミになって「食べちゃうぞー」と言って追いかけても楽しい。

「前へ」「後ろへ」
両手でハンドルを動かすまねをしながら車のまねっこをし、走っている途中で、保育者が「バックオーライ」と声をかけ、後ろ歩き。

「高い」「低い」
築山などに登り、高いね〜、やっほ〜と言ったり、ふれあいあそびで「高い高い」をしたり。

シールはり＆シールはがし

ここをおさえて！ 手指の巧ち性が高まり、指先を使った細かい動作が可能になります。シールやテープをはがしたり、はったりが自分でできるようになるため、あそびの幅も広がります。

● 台紙にはって
いろいろな形の台紙を用意し、そこにシールをはっていきます。「木に花を咲かせる」などイメージをもって楽しむことも。

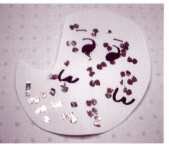

● いろいろな素材に
ビニールテープを、窓ガラスや床などにはって楽しみます。

見立ててあそぶ
～小麦粉粘土で～

ここをおさえて！ 物を何かに見立てることをし始め、かいたり、作ったりした物を「〜みたい」と言って楽しむようになります。粘土などいろいろ変化し、発想が広がる素材を用意し、見立てあそびを楽しみます。

● 感触を味わって

水の割合によって軟らかさが変わります。感触の違いを楽しみながら、ちぎったり、丸めたり、伸ばしたり、形の変化を楽しみましょう。

※小麦粉アレルギーのある子どもには別の素材を用意するなど配慮する。

● 作った物への意味づけ

保育者が自分の作った物を何かに見立ててみせると、子どもは、自分が作った物にもさまざまな意味づけをするようになります。保育者は、子どもの発想がさらに広がるような応答を心がけましょう。

Point 下図（左）の応答では、1回のやりとりで終わってしまいますが、下図（右）のように返せば、お代わりでまた違うパンを作ろうとしたり、もっとたくさん作ろうとしたり、活動が広がっていきます。

自己主張への対応
～自我の拡大から自我の充実へ～

ここをおさえて！ あらゆる場面で「イヤ」「ジブンデ」など、自己主張をする姿が見られるようになります。自分と他者を区別した上で、自分の領域に重きをおき、「モット、モット」と大きくしていく「自我の拡大」の表れ。この段階の自我をしっかり受け止めることで、次の他者を受け入れる「自我の充実」につながっていきます。

● どっちにする?

「どっちにする?」「どっちがいい?」などと選択肢を与え、自分で選ぶことで、気持ちの転換や立ち直りのきっかけを作ります。保育者は、子どもが自分で選んだことを褒めましょう。

時間がかかっても「ジブンデ」という気持ちを尊重し、まずは子ども自身がやることが大事。保育者は、「待つ」ことを心がけ、焦らせず、ゆったりと接することが大事です。

Point 2つの選択肢から自分で選び、それを認められるという経験により、子どもは二次元の世界を充実させます。そしてそれが自主的に選択し決定するという次のステップである自我形成につながるのです。

保育者と
ごっこあそび

ここをおさえて! 「自分以外の他者」を意識し始めるこの時期、一番身近な他者である母親のまねを楽しむようになります。普段の生活を再現し、母親のまねっこができる環境を用意し、保育者も一緒にごっこあそびを楽しんでいきます。

● お世話あそび

人形を布団に寝かせたり、おんぶしたり、御飯を食べさせたりします。保育者が横になると、同じように布団をかけ、とんとんしたり、御飯を運んできたりします。

● ままごとあそび

テーブルに食べ物を入れたお皿やコップを並べ、「いただきます」「おかわりちょうだい」「おいしいね」などの言葉を交えたやりとりを楽しみます。ケーキがあれば、誕生日の歌をうたって、お誕生日ごっこをしても。

Point
身近な大人のやることに興味を示すので、保育者がモデルになってあそんで見せることで、よりイメージがしやすくなります。

スカート、エプロンなどを身に着けることで、より一層「〜のつもり」の気持ちになる。

● お出かけごっこ

バッグを手に、「行ってきまーす」「行ってらっしゃーい」「ばいばーい」などのやりとりを楽しみます。いすやベンチ、フープなどをバスや電車に見立てて、保育者と一緒に歌をうたいながら、お出かけごっこを楽しんでも。

このようなバッグを用意。積み木やお手玉などいろいろな物を入れて持ち歩く。

引き車の中に人形を入れて、お出かけ。

段ボール箱で作った車。子どもが中に入り、運転しているようにして楽しむ。

2歳ころ

二語文からの言葉あそび

ここをおさえて！ 「ワンワン、イタ」「ブーブ、キタ」など、多様な二語文を話すようになります。子どもが発する二語文を受け止め、さらに言葉の世界を広げていくような言葉あそびを楽しみましょう。

● 子どもの言葉を膨らませて

子どもの言葉を受け止めながら「○○が△△だね」など、意味づけを加えて（膨らませて）応えながらやりとりをします。

Point
話したい気持ちはあっても、まだはっきりした言葉にはなりにくい時期なので、子どもが話してきたときは、せかさずに、ゆったりと聞くようにします。

● 友達とのかかわりにつなげて

「○○ちゃんどこかな？」「いたね」などと言葉をかけて、友達への意識を高めます。また、友達とのやりとりをつなぐ「言葉」をかけて、会話の楽しさを知らせていきます。

Point
子ども同士では、「コレ」「ヤッ」など短い言葉としぐさで通じ合っていますが、保育者が間に立って子どもの気持ちを感じ取り、状況を見ながら言葉にして伝えていきます。

● 絵本を見ながら

繰り返しの言葉を楽しんだり、絵を指さして「○○だね」「△△はどれ？」「同じだね」など、言葉のやりとりを楽しみます。
繰り返しの言葉が楽しい時期なので、そういった言葉の出てくる絵本を選びます。また、絵本は子どもが自分で広げて見られるサイズに。見たいときに自分で好きなページを開き、覚えた言葉を言って楽しむことができます。

Point
絵本だけでなく、一緒にあそぶなかでも、物と言葉、行動と言葉を結びつけて知らせるという意識が大事。

保育のポイント

好き嫌いへの対応

ここをおさえて! 食事面では、好みが出始め、苦手な物を嫌がるようになってきます。ただ、気持ちに大きく左右される時期でもあるので、多様な二次元的選択や、意欲の出る言葉かけによって、少しでも納得して食べるという経験が大切です。

● 食べる意欲を引き出して

まず、楽しく食べることが大切です。食べ物の名前を伝えたり、友達の食べている様子を話したり、一緒に見たりすることで、食べる意欲につなげてみましょう。

例えば…
- 「ニンジンだね。ウサギさんが大好きなんだよね」
- 「○○ちゃん、大きなお口で食べているね。△△ちゃんはどうかな?」
- 「カバさんのお口で食べる? それともゾウさんのお口?」
など

Point
無理に全部を食べるように促すのではなく、1つ、一口でも、食べてみようという思いを引き出し、自分で納得して食べることが大切。

● 食べたことを褒められる体験を

ほんの一口でも食べられたときには、褒めることを忘れずに。「苦手だけど、自分の意思で食べた」ということを認められる経験が、次の意欲へとつながります。

● 食べたくなるメニューの工夫

調理の工夫として、目で見て食べたいと思えるような食事にすることも大切です。給食では、調理員と相談してみましょう。

食べやすいおにぎりにして、星形に切ったニンジンなどを飾る。

クリスマスにはツリーをかたどったおかずを。

2歳ころ

保育のポイント

着脱への対応
～自我を受け止めて～

ここをおさえて！ 着脱の場面でも、「ジブンデ」を主張し、時間がかかることが多くなります。自我の拡大から充実の時期の対応として、「自我を受け入れ、自分でできたことを認める」というように、丁寧にかかわっていくことが大切です。

●「ジブンデ」を受け止めて

保育者に手伝われるのを嫌がり、自分でやろうとしているときには、ゆったりとした気持ちで接し、まずは子どもに任せます。そのなかで、うまくいかずにじれたり、やってほしがったりするときには、援助していきます。

●「自分でできた」満足感を

援助はさりげなく行うことで、「自分でできた」という満足感、自信を得られるようにすることが大切です。着脱のスタートとしては、ズボンをはくことから行うといいでしょう。

ズボンをはく
座って、ズボンに自分で足を入れて立ち上がり、上にあげる。

はきやすい向きにズボンを置く。

上にあげるときは、「ギュッギュ」などの声をかけたり、やりにくいおしりの部分だけ手を貸したりする。

Point
この前段階として、「保育者のひざの上に座り、ズボンに足を入れて立ち上がり、保育者と一緒にズボンを上げる」ということを経験し、その後、台などに座って行う段階につなげていきます。

ズボンを脱ぐ
立った姿勢で、保育者が腰のあたりまでズボンを下げ、その先は自分で下までおろし、足を外す。

Point
最後は自分の手で行うことで、「自分でやった」という満足感を得ます。

上着の着脱
保育者が服を持ち、首や腕を通しやすい形にし、それに合わせて子どもが体を動かす。

頭を出すのは保育者と一緒に。

そでの穴を広げて持ち、子どもが自分で腕を入れる。

3歳ころ
(3〜4歳)

運動機能が伸び、身辺自立が進むことにより、自信にあふれチャレンジ精神旺盛な時期。

子どもの姿

このころの子どもは、走る、跳ぶだけでなく、階段を交互に降りる、鉄棒や木にぶら下がる、片足で立つなどの身体制御が可能になる。さらに、3歳後半には片足を上げながら前に進むケンケンもでき始める。言葉の面では、「おなかがすいたときは、どうする？」といった質問に対し一般的な回答ができ始め、自分の経験を言葉で伝えるなど対話が進む。また、食事、排せつ、衣服の着脱などの身辺自立が進み、「役に立つ自分」や「一人前の自分」を発揮したくて、友達のお世話やお手伝いに積極的であるが、やり遂げるのは難しいことも多い。

3歳ころ 発達のようす

生理的機能

- 身長93〜100cm程度、体重13.5〜16kg前後となる。
- 脳の重量はおよそ1100〜1200gに増加し、成人の脳重量の約80%に達する。
- 中枢神経系の新たな成熟段階に入り、姿勢制御に大脳皮質がより深く関与することによって、走る、跳ぶ、よじ登る、投げるといった制御の巧ち性が増大する。
- 心臓などの臓器の中心器官が大きくなるとともに、機能も増大する。

- 脳下垂体から分泌される成長ホルモンの働きが強まり、骨の成長の促進や、筋肉組織の強化につながる。

手指の操作

〈3歳〜3歳6か月〉
- 手を左右同時に開閉するなどの制御から、左右別々の制御を1つにまとめる「〜シナガラ…スル活動」への挑戦が始まる。例えば、右手を開きながら左手を閉じ、次に右手を閉じて左手を開くといった左右交互開閉は、モデルがあれば遅れながら数回交互に開閉できるが、モデルがないと手が閉じ気味になったり、左右の腕を上下させたり、左右同時開閉になったりしてしまう。

- 描画では、紙いっぱいに丸をたくさんかく「丸のファンファーレ」と呼ばれる現象が見られたり、丸の中に複数の丸や点、線などをかき、顔らしきものを表現する。

〈3歳6か月〜4歳〉
- モデルがなくても、もつれながらも左右の交互開閉が数回でき始める。
- 顔の表現（耳・目・鼻・口・ほお・髪の毛など）が豊かになり、顔から手足が出る「頭足人」をかくようになる。
- はさみで形を切り抜くことに挑戦し始め、左手で紙を動かしながら右手ではさみを操作するという「〜シナガラ…スル」ことができ始める。

全身運動

〈3歳〜3歳6か月〉
- 自分の足を左右同時に制御することから、左右別々の制御を1つにまとめる「〜シナガラ…スル活動」への挑戦が始まる。例えば、片足を上げることと下ろすこと、前に進むことと止まることそれぞれはできるが、片足を上げながら前に進むケンケンでは、その場で連続して跳んだりつま先立ちになったりする。
- 三輪車では、ハンドル操作で方向を調整することとペダルを踏んで前に進むことへの挑戦が始まるが、「ハンドルを操作シナガラ、ペダルをこぐ（…スル）」ことは難しく、どちらか一方へ注意がいくと他方がおろそかになる。

〈3歳6か月〜4歳〉
- ケンケン、三輪車や自転車をこぐ、さらにうさぎ跳びなどといった「〜シナガラ…スル活動」が、もつれたりつまずいたりしながらもでき始める。

発達のようす

言語・認識

〈3歳～3歳6か月〉
- 語い数は1000～1500語となる。
- 数についての多面的理解が始まる。例えば、1つの物に1つの数字を「対応」させて数えること（3個の物に、それぞれ1つずつ「1、2、3」と対応させる）や、「1、2、3」と数を順に「呼称」すること、さらに複数の数を記憶して再生すること（数の復唱）は「2」まではでき、「3」に挑戦し始める。

- 「おなかがすいたときどうする？」「寒いときどうする？」といった質問に対して、「おなかすいてない」「寒くない」などと否定したり、現時点での自分の状態に基づいて答えたりする。
- 自分の経験を言葉で伝えることができるようになる。

〈3歳6か月～4歳〉
- 数の理解では、対応・呼称だけでなく、概括（「1、2、3、4」と呼称した結果、全部で「4」あることがわかる）が「10」くらいまでできるようになる。
- 数の選択（「3個ください」と言われて、たくさんのなかから3個選ぶなど）や数の復唱では、3まで可能になり、「4」に挑戦し始める。
- 「おなかがすいたときどうする？」「寒いときどうする？」といった質問を一般化してとらえ、それに答えることができ始める。
- 「運転手はこういうもの」「オオカミはこういうもの」といった認識を基に、そのイメージを行動で表現できるようになり、よく知った物語のストーリーに沿ったごっこあそびが展開される。

自我・社会性

〈3歳～3歳6か月〉
- 家族、きょうだい、保育所・幼稚園のそれぞれに属している自分を、「ボク」「ワタシ」と認識し、表現するようになる。
- 一方的な自己主張が見られることに対し「反抗期」と呼ばれるが、同時に他者を受容する気持ちも強まり、お手伝いを喜んでするなど、自己主張と他者受容とが不可分の関係にある。

- 出会いや再会の場面で、それまで楽しみにしていたのに目をつぶったり、大人や物陰に隠れて相手の顔を見ることができなかったりする。
- 好きな友達ができ、その関係において、貸し借りや順番・交代などができ始める。

〈3歳6か月～4歳〉
- 相手のことを「アンタ」「オマエ」あるいは、「○○サン」などと言って、年上の子のしていることをまね、年下の子にはすべてしてあげるのではなく、できることを導こうとし始める。
- 「一人前の自分」や「役に立つ自分」を発揮したくて、友達の着替えや大人の掃除、片付けなどを手伝おうとするが、実際にやり遂げることは難しい。
- チャレンジ精神おう盛で、なんでもできるという自信に満ちあふれている。
- 自分の「したいこと」と「しなければならないこと」がわかり始め「～ダケドレモ…」と、気持ちを調整し始めるが、うまくできず感情的になったり、攻撃的になったりする。

3歳ころ　保育のポイント

走る、跳ぶ、よじ登る！
〜動きを調整する力〜

ここをおさえて！　土踏まずの形成により、長時間歩けるようになる時期。この土踏まずがアーチ型のクッションの役割を果たし、しなやかな動きが可能になります。この発達段階をとらえ、さまざまな動きを楽しめるようにしましょう。

● 自然のなかで

基本的に運動あそびは「自然のなか」で行いたいものです。起伏のある公園などで、いろいろな動きを楽しみましょう。

走る
「ヨーイドン！」でかけっこ。反対側で保育者が両手を広げて待つ。ほかに、「しっぽとり」や、手作りのたこやこいのぼりを持って走るなど、楽しんで走る工夫をするとよい。
※けが予防のため、必ず準備運動を。

跳ぶ
木の切り株や、階段などの段差を見つけ、跳んだりはねたりする。○○マンになりきって、「シュワッチ」と飛び降りるのも楽しい。

Point
速い遅い関係なく、ただ走ることを楽しみます。

よじ登る
土の斜面をよじ登る。腕で体を支える力、足で踏ん張る力がつく。また、木登りも両手両足を使った運動。保育者自身が登って見せ、楽しさを伝えることも大切。

木にぶら下がり、体を支えることもできるようになってくる。

※必ず大人がついて、転落の危険がないように見守る。
※毛虫の発生や折れやすい木などを事前に把握しておく。

保育のポイント

● 園庭でサーキット

自然のなかでの運動が難しい場合は、園庭で固定遊具や巧技台などを活用して行います。

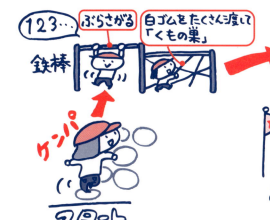

事故防止のため、転落の危険がある場所にはマットを敷く。

Point
ただなんとなくサーキットを作るのではなく、「腕の力をつける」「手と足の整合性をもたせる」など、目的を明確にしたうえで設定し、働きかけていくことが大切。

ボールを使ったあそび
～協応動作を取り入れる～

ここをおさえて! 中枢神経系の新たな成熟段階に入り、姿勢制御に大脳皮質がより深く関与することにより、「ボールを投げる」という協応動作も確実になってきます。少しずつ、意図的に活動に取り入れていきましょう。

● キャッチボール

両手投げ、上手投げができるようになってくるので、大人と一対一で、「投げて取る」の繰り返しを楽しみます。

Point
3歳児は「認められたい要求」が高まる時期なので、その要求を受け止めるかかわりを意識して援助します。「今のは難しいボールだったのに、よく取れたね」など、よかったところを具体的に伝えましょう。

● 的当て

的を作り、そこに向かってボールを投げます。子どもたちが好きなキャラクターを的にすると、盛り上がります。

Point
ボールはさまざまなサイズや硬さの物を用意し、子どもが自由に選べるようにしておきます。また、十分なスペースを確保できるように環境設定し、園庭が狭い場合は、散歩先に持参して楽しみましょう。

3歳ころ

表現を楽しむ
～二次元描画の充実～

ここをおさえて! 手指の細かい動きが可能になり、また、「○○をかく」という意識が出てきて、閉じた円の中に顔のパーツが入り、そこから手足が出た「頭足人」をかき始めます。表現を通して人と共感し、伝える喜びを味わえるように援助しましょう。

● 発達に合った描画材を

腕や手指の発達を正確にとらえ、子どもが今の発達段階にあるのかを見極めて、その子に合った素材やあそびを提供します。

例えば、まだ腕を十分に動かせない子どもに、小さな紙や色鉛筆などの細かい画材を与えるのは不適切。腕をぐるぐる回してかける大きな紙や、筆圧が少なくてすむフェルトペンや絵の具の筆などを用意しましょう。クレヨンを指で握る力が不足しているようであれば、つまむ動作や指先を使うあそびを、意図的に行うとよいでしょう。

用意しておきたい絵の具グッズ
ペットボトルなどでこのような絵の具入れを作り、置いておくとよい。絵の具と同じ色のビニールテープを、筆や器にはっておくとわかりやすい。

ストレートな表現を楽しむ

2～3歳初めは絵をかき、出来上がったものを見て「○○をかいた」と「命名をする時期」で、3歳後半になると、「これをかこう」と意図をもって絵をかくようになります。人のまねをしたり、他人の目を意識したりすることがなく、表現することが純粋に楽しい時期なので、素直なおもしろい絵がたくさん見られます。細かいことにこだわったり、「ここでおしまいにしようね」と大人が止めてしまうのではなく、「絵をかくって楽しい！」がたくさん味わえるようにしましょう。

Point
「これは○○なんだね」「すてきな絵がかけたね」などと共感していくことが大切。

3歳後半の子どもの絵。

友達とごっこあそび

ここをおさえて! 想像力が目覚ましく発達し、それを言葉で表現することに喜びを感じられるようになります。ごっこあそびは、集団で育ち合うことのできる、かっこうの場。大きな流れの中で、「ぼく(わたし)たちの世界」を広げ、あそびきった満足感をもてるように展開していきましょう。

● 子どもたちが親しんでいる世界から

子どもたちが今、何に関心があるのかを把握して題材を選定し、ごっこあそびを盛り上げていくことが、この時期の保育のだいご味のひとつです。例えば、クラスで親しんでいる絵本を基になりきりあそびを楽しみ、ごっこあそびにつなげていきます。

クラスの子どもたちが大好きな絵本「14ひきのシリーズ」(童心社刊)から、ネズミごっこを楽しんでいる様子。

● 日常の随所で継続的に展開

保育参加や劇あそびなどの行事に発展させていく場合、それが「とってつけた世界」にならないように留意し、日常のさまざまな場面で子どもが好きなときに楽しみ、友達と共有する喜びが味わえるように工夫します。
(P.91参照)

①なりきりアイテム
身に着ければ、気軽にごっこの世界に浸ることのできるアイテムを用意しておく。

②友達と共有できる大道具
友達と一緒に、ごっこの世界のイメージを広げられるような道具を、ひとつの環境として設定。

ネズミの帽子。

ネズミの大型バス。

③テーマソング
ストーリーから、保育者が簡単な歌を創作し、散歩や日常保育など、さまざまな場面で歌い込んでいく。

● 保護者も巻き込んで

家庭に絵本を貸し出したり、保育参加をごっこあそびの延長線上で行うなど保護者とも物語を共有すると、より充実します。

家庭向けの絵本の貸し出しラック。

絵本に出てくるお弁当を親子で製作。

● 保護者やほかのクラスと情報を共有

ごっこあそびの「その瞬間」のおもしろさを、保護者やほかのクラスとも共有できるよう、子どもたちがあそんでいる様子を写真に撮り、掲示します。

ネズミごっこの様子の写真を掲示。

3歳ころ

ルール・マナーを伝える

ここをおさえて！ 3歳は「決まりがわかってくる年齢」であり、また「ほかの人のことはよくわかるけれど、自分はなかなか守れない年齢」でもあります。「ルールやマナーを知り、守り、共有することが心地よい」と思えるような環境を作っていきましょう。

● 生活に関することからシンプルに

ルールを伝えていく上でこの時期大切なのは、「ルールをシンプルにわかりやすくし、子どもたちと一緒に確認をすること」です。まずは自分の身を守り、健康に過ごすために必要な生活ルールを確認していきましょう。

安全に関するルール

命にかかわる危険に関するルールは、まず「どうしてこうなのか」を子どもと一緒に考え、しっかり伝える。守らなければ、時にはきちんとしかる姿勢も必要。危険な場所は同じ色を使ってマークするなど、子どもが自分でルールに気づけるような環境設定をすると、クラスの共通認識になり、子ども同士で指摘し合えるようになる。

「危険」を知らせるマーク。

「ここまで」を示すマーク。「ここから先に飛び出したり走ったりすると、赤ちゃんにぶつかってしまうからだめだよ」ということを、環境が伝えている。

生活者としてのマナー

手洗いうがいや食事などの生活習慣のマナーも、日々繰り返し伝えていく。

うがいの仕方について。

食事の姿勢について。

Point
ルールやマナーを図や絵にして伝えると、情報が視覚的にすっと入ります。また、その後それを掲示しておくことで、子どもが興味をもったときに、いつでも確認することができ、共有しやすくなります。

保育のポイント

状態や経験に照らし合わせた応答

ここをおさえて！ さまざまな思考回路がつながり、知っていること同士を結びつけ、「考える」ことができるようになります。「自分で考える」体験が大切なときです。

● 応答する力の育ち

この時期になると、質問に対して、自分の状態を言葉で伝えたり、経験と照らし合わせて思考し、答えることができるようになってきます。「寒いときはどうする?」という質問について、3歳前半の時期は、自分の今の状態に基づいて「寒いから、セーター着てる」と答えたり、「今、寒くない」と否定する姿も見られます。3歳後半になると、質問を一般化してとらえられるようになり、自分の体験と照らし合わせて、「寒いときは、たくさん服を着る」などと答えられるようになってきます。保育者は、子どもが考えて答えられるような聞き方を意識しましょう。

葛藤
~…シタイ、ダケレドモ…~

ここをおさえて！ 自分の要求をはっきりと表す一方で、「こうしなければならない」という理解もできるようになってきます。そのような自己との葛藤や、要求のぶつかり合いによる他者との葛藤を、たくさん経験しておきたい時期です。

● 一歩前進した満足感を

単に要求を聞いてもらうだけの満足感ではなく、この時期は、葛藤し、自分の要求を我慢して得られた"質の違う満足感"がもてるように働きかけることが大切です。

我慢や葛藤を受け止める
「ブロックであそんでいたいけれど、自分の欲求を抑えて片付けをし、先生のところに行ったら褒められてうれしかった」という場合、下線の子どもの要求がそのままかなったときの満足感と、少し我慢したけれどその葛藤した気持ちをだれかが受け止め、認めてくれたという満足感とは、明らかに違うものです。
このように、子どもが気持ちを切り替えられるようにするには、保育者の「共感」がポイント。頭ごなしに「こうしなさい」と言われると反発したくなってしまいますが、「そうだよね、あそびたかったよね。でも、我慢して片付けてえらいね……」というように受け止めてもらうと、譲歩することができるかもしれません。このように子どもが葛藤し、気持ちを切り替えていく力を支えるのが、大人の大切な役割です。

3歳ころ

着脱
～「自分でできる」自信をつける～

ここをおさえて！ 手指の制御が進み、上下左右や表裏を理解して着脱をしたり、たたんだりができるようになってきます。将来的に自分で着脱ができる、またその自信をつけることを目標とし、保護者とも連携して進めていきます。

● たたむ（5～6月）

プールが始まる少し前の時期から、「たたむ」ことを習慣づけます。着脱をしやすい動線を意識して環境を作り、できれば「この時期に伝えたい」という期間は、担任以外の人員も確保して、丁寧に伝えましょう。（P.91参照）

たたんだ物を入れるかごを持ってきやすいように棚を移動させるなど、動線を意識して。

● 自分で着脱する（プール時）

子どものモチベーションが上がるプールの時期に、自分での着脱を促していきます。

Point
保護者にも協力を求め、できるだけ着脱しやすい衣類の準備をお願いしておきます。

Tシャツなどの上着
上着を脱ぐときに、「バンザイ」の姿勢で大人に脱がせてもらうことが習慣づいている子もいるため、自分でできるノウハウを学習できるようにする。

上履き
上履きや靴を並べ、形や履いた感じの違いを伝え、右と左があることを徐々に教える。初めのうちは、家庭でかかとにループを付けてもらうと、「自分でできる」が達成しやすい。

ボタンはめ
秋以降、ボタンのある服を着る機会が増えてくる。子どもが「やって」と言ってきたら、保育者がやり方を示し、その後子どもが自分でするのを見守って、できたときには思い切り褒める。スナップ、ボタン、面ファスナーなどの練習ができる遊具を置いておいても。

自分で脱げるように、そで口を引っ張る動作を伝える。

左右をくっつけるとひとつの絵になるような靴や中敷きを利用しても。

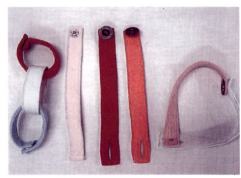

ボタンはめなどの練習ができる遊具。

服の表裏がわかるよう、絵や柄、えりのタグを目印にするよう知らせる。

ループを付けた上履き。

排せつ
～成功体験に導く～

ここをおさえて！ 尿意を感じられるようになり、自分でやりたいという気持ちも育ってくる時期です。ただ個人差も大きく、まだおむつをしている子どももいます。自尊心を傷つけることなく、成功体験を積み重ねていけるように、保育者が見守り、援助しましょう。

● メンタル面に留意して

3歳になると、"恥ずかしい"という思いが出始めるので、おもらしやおねしょなどの失敗の経験から、気持ちが不安定になってしまうこともあります。「だから言ったでしょ」といった大人の言葉が、子どもの自尊心を傷つけてしまうことも。汚い、恥ずかしいといったマイナスイメージを植え付けてしまうのではなく、2～3時間ごとに訪れるタイミングを、成功体験を積み重ねるチャンスとしていけるよう、働きかけましょう。

排せつの流れを確認

まずは、「尿意を感じたらトイレに行く→排せつする→始末する（紙でふく・水を流す）→手を洗う」という一連の流れを、子どもと確認する。そのなかで、スリッパの履きかえ方、トイレットペーパーの使い方、ふき方、水の流し方なども細かく知らせる。また、ドアの開け閉めでけがをしたり、走ると滑ったりする危険があるので、ふざけてはいけないなどの禁止事項もしっかり伝える。

尿意を感じ、自分でトイレに行く

尿意を感じ、「おしっこ行ってくるね」と予告して自分でトイレに行けたら、褒める。ただ月齢や個人差によって、尿意を感じることができない子や、尿意と排せつという行為が結びつかない子もおり、失敗してしまうことも。保育者はひとりひとりのあるがままを受け止め、精神的な面もケアしていく。

Point
最近は、3歳児でおむつを付けている子や、楽だからと紙パンツを好むケースが増えています。その場合は、プールが始まるのをきっかけに、「大きいプールはおむつの取れた子しか入れないから、そろそろ……」と、家庭に声かけをしていくとよいでしょう。

見通しをもって、トイレに行く

「今、おしっこしたいから行く」のではなく、「○○（お散歩、プール、午睡など）があるからその前にトイレに行っておこう」という見通しをもつということを、4歳に向けて意識し伝えていく。例えば、「紙芝居が終わった→トイレに行く→午睡」というように、生活や活動の流れのなかで子どもたちにこまめに声をかけ、習慣づけていく。

排便の処理を知る

排便の処理ついては、月齢の高い子から無理なく取り組み、丁寧に教える。トイレに処理の仕方をはっておくと、なおよい。5歳児クラスくらいまでには1人でできるように、排便の仕上げに保育者が立ち合うようにする。（P.91参照）

おしりのふき方を示した絵を掲示。

Point
女児の場合は、「前から後ろにふく」ということを初めにしっかり伝えないと、炎症が起きてしまったり、癖を直すのが大変になってしまったりするので注意が必要。

Column 乳幼児健康診査

3歳児健診　～心身の発達・生活習慣の総合的な確認と、社会的な発達状況の把握～

通常の内科的診察、発達観察・育児相談・支援のほか、歯科健診、視力・聴力・尿検査を行います。身体発育および精神発達の面から最も重要な時期とされ、総合的な健診となり、発達障害も視野に入れて観察していきます。
健診の結果、「要経過観察」とされた子どもに対しては、定期的に健診や相談を行い、心身の発達・発育状況の確認をし、ケースに応じて必要な支援の場へつなげます。
また、視聴力・尿検査について、港区では事前に検査キットを配布し家庭で検査※を行ってもらい、その結果を持参して健診を受ける形をとっています。

※家庭での検査内容
視力検査…子どもは専用のメガネをかけ、保護者が「絵指標（絵カード）」を2.5m離れた所で見せて、子どもが絵の内容を答える。
聴力検査…ささやき声（シートにかかれた絵の名称を1mくらい離れてささやき、聞こえた物の絵に丸をつける）、指こすり（子どもの耳の真横で指をこすり、聞こえるかどうか）。

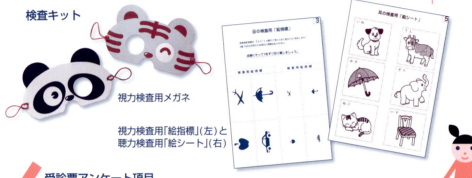

検査キット
視力検査用メガネ
視力検査用「絵指標」（左）と聴力検査用「絵シート」（右）

あわせて母子手帳の「保護者の記録3歳の頃」も確認します。

受診票アンケート項目

A. お子さんのことで心配なことはありますか。あてはまるものすべてに○をしてください。
1. 運動（走る・跳ぶ）が遅れている　2. 歩き方がおかしい
3. 大人に頼りすぎる　4. 排泄（おしっこ・うんち）
5. 発音がおかしい　6. 極端に言うことをきかない
7. ボタンがかけられない　8. 友達と遊べない　9. その他

B. お子さんの様子であてはまるものに○をしてください。
1. 視線が合わない　　　　　　　　　　　　はい　ときどき　いいえ
2. 他の子どもに興味がない　　　　　　　　はい　ときどき　いいえ
3. 名前を呼んでも振り向かない　　　　　　はい　ときどき　いいえ
4. 指さしで興味のあるものを伝えない　　　はい　ときどき　いいえ
5. 言葉の遅れがある　　　　　　　　　　　はい　ときどき　いいえ
6. 会話が続かない　　　　　　　　　　　　はい　ときどき　いいえ
7. 一方的に自分の言いたいことだけを言う　はい　ときどき　いいえ
8. 友達とごっこ遊びをしない　　　　　　　はい　ときどき　いいえ
9. オウム返しの応答が目立つ　　　　　　　はい　ときどき　いいえ
10. CMなどをそのままの言葉で繰り返し言う　はい　ときどき　いいえ
11. 同じ質問をしつこくする　　　　　　　　はい　ときどき　いいえ
12. 普段通りの状況や手順が急に変わると、混乱する　はい　ときどき　いいえ

C. およその時間を記入してください。
起床（　　）時　朝食（　　）時　昼食（　　）時
昼寝（　　～　　）時　夕食（　　）時　就寝（　　）時
おやつの時間について
………………（a）（　　）時頃、（　　）時頃　（b）欲しがる時

D. 食事について気になることがありますか。
………（a）ない
　　　（b）ある　①少食　②食べ過ぎ　③好き嫌い　④太り気味
　　　　　　　　⑤やせ気味　⑥便秘気味　⑦その他

E. （アメ・チョコ・ガム・アイス等の）甘いお菓子を、1週間のうちどの位食べますか。
……（a）ほぼ毎日　（b）3～4日　（c）1～2日　（d）ほとんど食べない

F. （ジュース・乳酸菌飲料・スポーツドリンク等の）甘い飲み物を、1週間のうちどの位飲みますか。
……（a）ほぼ毎日　（b）3～4日　（c）1～2日　（d）ほとんど飲まない

G. かかりつけ歯科医はいますか。……………（a）はい　（b）いいえ
　　フッ化物塗布を受けたことがありますか。　（a）はい　（b）いいえ
　　フッ化物配合歯磨剤を使用していますか。　（a）はい　（b）いいえ

H. 指しゃぶりをしていますか。　　　　　　　（a）はい　（b）いいえ
　　おしゃぶりを使用していますか。　　　　　（a）はい　（b）いいえ

I. 哺乳ビンを使用していますか。　　　　　　（a）はい　（b）いいえ
　　母乳を与えていますか。　　　　　　　　　（a）はい　（b）いいえ

J. 仕上げ磨きをしていますか。　　　　　　　（a）はい　（b）いいえ

K. その他気になる事、心配事があればお書きください。

B. PARS-TR（広汎性発達障害日本自閉症協会認定尺度短縮版）

4歳ころ
（4〜5歳）

身体のコントロールができるようになり、
葛藤を経験するなかで
感情の抑制ができ始める時期。

子どもの姿

このころの子どもは、足を上げながら進むケンケンや、左右の手を順に開閉する両手の交互開閉、4つの数を順に覚えて再生する復唱など、さまざまな2つの異なる操作を1つにまとめる「〜シナガラ…スル」活動・認識を獲得していく。また、自分の気持ちだけでなく友達の気持ちも考えられるようになることで、物の貸し借りやルールなどを巡って葛藤する場面が増えてくる。少しずつ自分の気持ちを抑えたり、大人に励ましてもらう経験を経て、4歳後半には「〜ダケドモ…スル」という自制心が形成されるようになる。

4歳ころ 発達のようす

生理的機能

- 身長100〜108cm程度、体重15.5〜18kg前後となり、伸び方が安定する。
- 大脳の左右両半球の神経ネットワークの構築が進み、4歳過ぎには利き手が決まってくる。
- 視覚・聴覚・視力などの感覚器および、それに関連する機能の感受性が高まる。
- 視力が1.0前後になって遠近の区別がつくようになり、聴力は青年期と同レベルに達し、においや味の違いがこれまで以上に分化することや、涙腺の分泌が増すことなどが、喜怒哀楽の新たな社会的複合感情を支える生理的基盤となる。
- 足根骨が成人と同じ9個になり、足を使った運動がより巧みになる。手根骨は4〜5個と成人の半分にまで達する。

手指の操作

〈4歳〜4歳6か月〉
- モデルがなくても自ら両手の交互開閉ができ始める。
- 道具を使う手と素材を支える手という両手の機能分化が進む（片手に粘土を持ちながら、もう片方の手でヘラや竹ひごを使って粘土に細工をするなど）。
- ┐型と└型の2つの線で角を表現すること、それを合体させれば四角になることを理解して、それを表現するために必要な制御ができる。

〈4歳6か月〜5歳〉
- 手の交互開閉を自ら10回以上継続して、もつれがなく確実にできるようになる。
- 描線を見ながら鉛筆を動かす方向を制御したり、モデルを見ながら鉛筆を動かすことができる。
- 人物画では胴体を表現するようになる。

全身運動

〈4歳〜4歳6か月〉
- ケンケンでは、5m先まで行って戻ってくることに挑戦し始めるが、Uターンする前後で足をついて調整したり、できるのは利き足の方のみであったりする。

〈4歳6か月〜5歳〉
- ケンケンで5m先まで行き、途中で足をつくことなくUターンして戻ってくることができる。左右どちらの足でも同じレベルでできる。
- ぞうきんがけ（ぞうきんを床に付けながら前に進む）、登り棒（手で体を固定しながら足を上下に動かして棒を登る）、走りながら縄跳びをしたりボールをけるなど、さまざまな「〜シナガラ…スル」活動が可能になる。
- 平衡感覚が高まり、片足立ちが5〜10秒くらいでき始める。

発達のようす

言語・認識

〈4歳～4歳6か月〉
- 語い数は1500～2000語となる。
- 乱暴な言葉や汚い言葉（「アホ」「ウンチ」「ババア」「クソー」など）を好んで使う。
- 数の復唱では、例えば「4739」という4けたの数字を2個1単位が2つあるものとして記憶し、再生する（4－7を覚えながら3－9を聞き、3－9を保持しながら4－7を再生し、次に3－9を再生する）ことができ始める。

〈4歳6か月～5歳〉
- 数の理解は、呼称・概括・選択では「10」まで可能になり、4数復唱も確実にできるようになる。
- その日の出来事、さらに過去の出来事について、接続詞を用いながら複文で話すことができる。

- 言葉が行動の自己調整機能をもち始める。

自我・社会性

〈4歳～4歳6か月〉
- 自分の得意なことを発揮し、認められて生き生きとしたり、他者の要求や期待にこたえて褒められ、うれしいこともあれば、うまくこたえられないとふざけてその場を壊そうとするなど、その時々の感情の起伏が激しい。
- 「～ダケレドモ…スル」という自制心の形成に向けた調整が始まる。
- 自分と相手の主張が対立する場合に、他者の意図や要求を理解し、「ダッテ～ダカラ」と根拠を示して自己主張したり、「～ダケレドモ」と内面的調整をし始める。

〈4歳6か月～5歳〉
- 出会いの場面で、あらかじめ期待して出迎え、知っている人であれば一緒に出かけることもできる。
- ネガティブな感情や葛藤を制御して、ポジティブな行動を実行するための内面的な調整が可能になる。
- 「もっとこのおもちゃであそんでいたいケレドモ友達にも貸してあげる」など、「～ダケレドモ…スル」という自制心が形成される。
- 年下の子に、両手を持って一緒に跳びながら「ケンケン」を教えるといった導き方ができるようになる。

4歳ころ　保育のポイント

「～シナガラ…スル」運動あそび

ここをおさえて！　「片足を上げながら前に進む」といった、これまでは別々にしかできなかった2つの異なる操作を、ひとつにまとめあげることができるようになります。また全身のバランスをとる力が発達し、体を巧みに動かせるようになってくる時期なので、全身を使ったさまざまなあそびに挑戦しましょう。

● 曲に合わせて動こう

曲のリズムに合わせて動きます。まずは、「ピアノの演奏に合わせて歩き回り、演奏が止まったらその場で止まる」を繰り返してあそびましょう。慣れてきたら、曲調に合わせて動きを変えるあそびに発展。この曲のときは「ケンケン」、この曲のときは「カエルジャンプ」というように、リズムに合わせて、動きを切り替えます。

● 綱渡りでバランスあそび

地面にぐにゃぐにゃに置いた長縄の上を渡り、ゴールで保育者にタッチします。慣れてきたら、横歩きや後ろ歩きに挑戦したり、「縄から落ちたら、ワニに食べられちゃうよ」と、スリルを味わうあそびに発展させても。

Point
大事なのは速く渡ることではなく、バランスをとって歩くことであると知らせます。じゃんけんができるようになってくれば、チームに分かれてドンじゃんけんに発展させても。これは、簡単なルールのあるあそびにもつながっていきます。

※渡ることに集中しているので、前の子との間隔を十分とる。

保育のポイント

はさみを使った製作
〜二次元可逆操作の獲得〜

ここをおさえて！ 手先が器用になり、ひもを通す、結ぶ、はさみで切るなどができるようになります。例えば片手にはさみを持ち、もう片方の手で紙を動かしながら切るという「〜シナガラ…スル」動作、それぞれの手が別の動作をしながら、「はさみで紙を切る」というひとつの目的のために2種類の動作を行うこと（二次元可逆操作）が可能になってきます。

● はさみの扱い方の説明

初めて導入するときは、まず、はさみの役割（はさみは「紙を切る」ために使う物であるということ）や扱い方を丁寧に説明し、その危険性（紙も切れるが、手や顔なども切れてしまうことなど）についても知らせます。個人差があるので、一斉に教えるのではなく、小グループ（1つのテーブルに座れる範囲内の人数）で行い、保育者がそばで見守ります。危険なときには、その都度繰り返し説明しましょう。

持ち方
まずは保育者が持って見せ、子どもの手を取りながら個別に教える。

両わきを締め、体の正面ではさみが垂直になるように固定して持つ。まず、親指を入れる位置を伝えるとわかりやすい。

片付け方
片付け場所を固定し、机の上に置きっぱなしにしないように伝える。（P.92参照）

お菓子の空き容器を利用して作ったはさみの片付け場所。はさみと容器に同じ色テープをはり、どこに片付けたらよいかをわかりやすくしている。

渡し方
はさみを人に渡すとき、どのようにしたら危険でないかを保育者がやってみせる。

刃の方を持って渡す。

● はさみの練習

簡単な切り方から、だんだん難しいものに挑戦していきます。

※①〜⑦まではあくまでも目安です。子どもの習熟度に合う段階から始めてください。

① 一回切り（3歳〜）

② 直線切り（3〜4歳）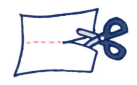

③ ジグザグ線切り（4歳〜）

④ 波線切り（4〜5歳）

⑤ 四角のうず巻き線切り（4〜5歳）

⑥ 丸いうず巻き線切り（4〜5歳）

⑦ 簡単な図形切り（5歳〜）

Point
慣れるまで、必ず保育者がそばで見守ります。「片付ける・持つ・人に渡す」が身についたら、保育者の目の届きやすい所に製作コーナーを作り、はさみと紙を用意します。興味をもつと子どもは集中し、繰り返し行うので、紙の補充を忘れないようにしましょう。

乳児①（0〜5か月ころ）
乳児②（6〜11か月ころ）
1歳ころ
2歳ころ
3歳ころ
4歳ころ
5歳ころ
6歳ころ

4歳ころ

簡単なルールのある集団あそび

ここをおさえて! 3歳ころからルールを少しずつ理解するようになってきた子どもたちは、4歳を過ぎるとその大切さに気づいて守ろうとしたり、楽しんだりするようになってきます。複雑なルールはまだ難しい段階なので、親しんでいる物語の世界からイメージを膨らませ、簡単なルールのあるあそびに発展させるなど、工夫して伝えましょう。

● 絵本をベースにオニごっこ

子どもたちはお話が大好きです。クラスで親しんでいる絵本をベースに、そのお話の世界のおもしろさや不思議さを味わえるような、簡単なルールのオニごっこを考えてみましょう。あそぶ前に、一度その絵本の読み聞かせをして、視覚的にイメージしてからスタートすると、あそびに入りやすくなります。（P.92参照）

Point
うまく参加できない子どもへの対応

ルールのある集団あそびにうまく参加できない子どもの姿を、「おおかみと七ひきの子やぎ」ごっこを例に、いくつか挙げてみます。

●**おおかみが怖くて参加できない**
保育者のそばで一緒に様子を見る、「ここはおおかみは入ってこれない家」といった安全な場所を作るなど、配慮するとよいでしょう。

●**あそびに興味がもてない**
友達や保育者が楽しくあそんでいる様子を見るだけでも、関心をもつスタートととらえ、その子のペースで参加するタイミングを図りましょう。

●**しっぽを取られたのに捕まっていないと主張する**
集団意識が芽生えてくる一方、「自分が1番」という思いもある過渡期。まず「しっぽを取られたくなかった」という子どもの気持ちを十分受け止めましょう。この気持ちが強いようであれば、受け止めるだけに留め、保育者の話を聞くことができそうであれば、「でもね、こういうルールがあるんだよね」と、少しずつ知らせていきます。

「おおかみと七ひきの子やぎ」ごっこ

保育者がおおかみ役、子どもたちが子やぎ役になる。しっぽの大好きなおおかみが、かわいい子やぎのしっぽを取りに行くという設定。
慣れてきたら、しっぽを取られた子どもたちは、保育者と一緒におおかみになる、というルールにしても。様子を見て、子どもたちが飽きたり疲れたりする前に、「なんて逃げるのが速い子やぎたちなんだ！」などと言いながらゲームを終えます。

紙テープや帽子などを、ズボンにはさんでしっぽにする。

● 少しずつルール性の高い集団あそびに

ルールのあるあそびとして、しっぽ取りゲーム、かくれんぼなどのシンプルなあそびから、年度後半はいす取りゲーム（最初は全員が座れるものに）などに発展させていきます。最初は保育者がオニ役をやり、モデルを示して、後半は子ども同士で役割分担ができるようにしていきましょう。

全員が座れるゲームから始め、徐々に、「だれかが座れない」いす取りゲームへ。

保育のポイント

言葉への関心を高める
～語いの急増～

ここをおさえて! 語い数が大幅に増加し、聞いた言葉や覚えた言葉を積極的に使って楽しむ時期です。言葉の獲得そのものを目標にするのではなく、身近な人との応答的なかかわりのなかで、自然と言葉に関心をもつ体験を重ねていくことが大切です。

● 言葉のおもしろさを体験

この時期の子どもの言葉の発達と保育をとらえる視点は、3つあります。

- 自分の経験したことや思っていることを人に話し、言葉で伝える楽しさを味わう。
- さまざまな言葉に興味をもち、保育者や友達の話を聴く。
- 絵本や視聴覚教材を見たり聴いたりして、イメージを広げる。

一番大事なのは、温かい雰囲気のなかで、保育者や友達と言葉を交わし、言葉のおもしろさを感じること。そのような体験を、保育のなかで意識していきましょう。

生活や興味に関するなぞなぞ

応答的なかかわりとして有効なのが、「なぞなぞ」。なぞなぞは、子どもたちの発言を促すきっかけとなり、自分が知っている言葉を使う喜びを味わうこともできる。まずは、イメージしやすい、生活や園に関連する内容のものにし、その後植物や動物、食べ物など、子どもの興味のある内容にも広げていく。

「御飯を食べた後に、むし歯にならないようにすることはなあに?」――歯磨き
「黄色い洋服を脱ぐと、白くなる果物はなあに?」――バナナ

言葉を楽しむあそび

なぞなぞのほかに、回文(前から読んでも後ろから読んでも同じ音になる文)、早口言葉、しりとり、言葉集めなど、言葉に関するあそびを楽しむ。

汚い言葉への対応

ここをおさえて! 言葉への関心が高まるなかで、「ウンコ」といった下の言葉(汚い言葉)を、おもしろがって使う姿がよく見られるようになります。大人は戸惑ってしまいがちですが、子どもが言葉で伝えるおもしろさを感じているからこそ出てくる姿です。

● なぜ汚い言葉がおもしろいのか

この時期の子どもは、相手が自分の言葉に反応し、笑ってくれることを期待し、求めています。そのため、だれもが共通して笑う「下の言葉」を、何度も口にするようになるのです。相手に言葉で伝えたり、それを理解されたりすることに喜びを感じ、こうした経験を積み重ねることで、子どもは自分の気持ちを言葉で伝える意欲をはぐくんでいきます。その発展途上の姿としてとらえてください。

● 過剰な反応はNG

汚い言葉に大人が過剰に反応してしまうと、子どもは伝わったおもしろさを感じ、よけいにその楽しさを繰り返してしまいます。状況を見ながら、例えばあそびのなかであれば、そのまま聞き流してもいいでしょう。ただし、「時間」と「場所」には気を付けなくてはなりません。集団で話を聞いているとき、公共の場所などの望ましくない状況では、その言葉を使ってはいけないことを端的に、真剣に伝えましょう。

Point
1回伝えても、何回も繰り返すことが予想されますが、「またか……」などと感情的になるのではなく、気長に付き合っていきましょう。

4歳ころ

小グループ活動

ここをおさえて！ 大人の話す内容を言葉で理解し始めますが、十分に理解できなかったり、聞き取れなかったりすることも多い時期です。まずは小さな集団で活動をスタートすると、子どもは保育者に思いを出しながら、集中して活動に取り組み、少しずつ周囲にも関心を向けていきます。

● 小グループで丁寧なかかわりを

小グループにすることで、子どもたちは集中でき、より理解がしやすくなります。保育者は、個々の姿を把握し、丁寧にかかわりましょう。特に製作は、小グループ活動に向いています。少人数で行うことで、子どもひとりひとりの発想の広がりに耳を傾けることができ、また、はさみやのりなどの使い方を丁寧に知らせることができます。自由あそびの時間に「今日はこのグループ」と決めて集中的に行う、得意な子と苦手な子が一緒になるようにする、あえて苦手な子だけを集めるなど、状況やねらいに合わせて柔軟に工夫しましょう。

● 周囲から刺激を受けて

まだ自分のことに一生懸命な時期ですが、少人数で活動するなかで、少しずつ周りの子にも目が向いてきます。「友達がやっているから自分もやってみよう」と刺激を受け、それが意欲につながっていきます。

「〜ダケレドモ、…スル」という気持ち
〜自制心の育ち〜

ここをおさえて！ 自分と相手の気持ちの両方がわかり始め、自分の気持ちを通そうとする思いと、時には思い通りにならないという不満やつらさとの間で、葛藤する時期です。大人に共感されたり、励まされたりすることを繰り返しながら、徐々に、「わかっていてもできない」という気持ちに打ち勝ち、自制心が形成されていきます。

● 葛藤をくぐる意味

自分の思いが通らなくても、そこで「どうすればよいのか？」を考え、判断し、自ら抑制する力を育てたい時期です。それには、自己コントロールができずにパニックになったり、泣いたり怒ったりしながら、自分と向き合うことが必要。(P.92参照)
激しい感情を吐き出すことにより、ある程度自分の気持ちを立て直すことができ、「〜ダケレドモ、…スル」という気持ちにつながっていくのです。

● 大人の支えが心のバネに

子どもが思い通りにならない事態にぶつかり、混乱しているときこそ、保育者はその感情に振り回されるのではなく、余裕をもって子どもたちと向き合いたいものです。まずは「○○できなくて悔しいね」と、子どもの気持ちを受け止め、「泣きたいときは、泣いてもいいんだよ」「自分の気持ちを素直に表しているんだね」などと、寄り添うことが大切です。自分のありのままを十分受け止めてもらう経験を積み重ねた子どもは、これからさまざまな葛藤に出合ったとしても、自分を支えてくれる大人の存在を心のバネにして、それらを乗り越える力を身につけていきます。

参考文献＝『会報ぜんほきょう』より「知っていますか？子どもの育ち」 全国保育協議会刊

保育のポイント

けんかへの対応

ここをおさえて！ 仲間がいることの喜びや楽しさを感じるようになり、友達との関係を積極的に作り出そうとし始めます。同時に、競争心も芽生え、けんかが多くなってくる時期でもあります。「自己を発揮しながら、相手と協調して生活する」という、人が生きていくなかで大切なことを学び始めるのです。

● 解決を求める強い気持ちから

この時期のけんかでよく見られるのは、「先生、○○君（ちゃん）が嫌なこと言った」といった、大人に主張する子どもの姿です。これは自我が育ち、より強く大人に解決を求める姿であり、成長のひとつと言えます。

● 子どもへの対応

悔しい思いをしながら相手の主張を受け入れたり、自分が受け入れられたりするということは、心の育ちに欠かせない大切な経験です。外傷を与えるようなことは止めなければなりませんが、そうでない限り、保育者は経緯を把握しながら、近くで見守ります。そして様子を見ながら、「何が嫌だったの？」「Aちゃんは○○が嫌だったんだ」「Bちゃんは□□されて悔しかったんだね」と、自分に気持ちがあるように、相手にも気持ちがあるということに気づけるように、橋渡ししていきます。

● 保護者からの相談・苦情には

保護者から、「うちの子が○○君（ちゃん）に意地悪をされている」「園に行きたくないと言って、困っている」といった相談があり、それが、「いじめられているのではないか」「園ではどういう対応をしているのか」という苦情に発展することもあります。
そういう場合、まず保育者は、今の子どもの心情や状況、友達との関係性をきちんと把握することが重要です。子どもが「友達に嫌なことをされる」と訴えているとき、もちろん本当にそういう事情のときもありますが、自分自身が何かにつまずいている、うまくいっていないサインであることもあります。今、子どもが何に困っているのかを把握し、冷静にその気持ちを受け止め、保護者に伝えていきましょう。

いたわる気持ち

ここをおさえて！ 感情が豊かになり、身近な人の気持ちを察して、少しずつ自分の気持ちを抑えたり、我慢したりができるようになってきます。また、人をじっくり観察するようになり、特に年下の子ども（赤ちゃん）に興味をもち始めます。

● 大人のように振る舞いたいという気持ち

この時期、おうちごっこやお母さんごっこが盛んに行われ、「着替えましょうね」「寝ましょうね」などと言いながら、人形を赤ちゃんに見立てておんぶしたり、寝かしつけたり、食事をさせたり、という姿がよく見られるようになります。母親や保育者が赤ちゃんの世話をする様子をじっくり見ていて、自分も大人のように振る舞いたい、という気持ちが生まれてきているのです。そして、実際の赤ちゃんにも関心をもち始めます。保育者は、そんな姿を十分に受け止め、大切にしていきながら、「○○ちゃん、優しいね。赤ちゃんがうれしく思っているよ」「ありがとうね。優しくしてあげると、○○君も優しい気持ちになるね」などと、寄り添いましょう。このような経験の繰り返しが、人をいたわる気持ちにつながっていきます。（P.92参照）

Point
小さい子とのかかわり方を知らせる
加減がわからず、抱っこをして振り回したり、手を引っ張るなど、赤ちゃんにとって乱暴なかかわりになってしまうこともあるので、注意が必要です。そういうときは、大人がかかわり方を知らせ、「優しくする」「いたわる」ということは、「丁寧にかかわる」ことだということを、伝えていきましょう。

4歳ころ

保育のポイント

はしの持ち方の指導

ここをおさえて！ 手先が器用になり、指先を思い通りに動かせるようになってくるため、はしだけで食事をすることが可能になってきます。ただ個人差もあるので、無理強いは禁物です。

● 一対一で丁寧に指導

はしの持ち方については、個人差があり、一斉に導入するのは難しいため、保育者が子どもひとりひとりに、丁寧に指導をします。子どもの後ろに回り、同じ向きに手を見せ、子どもの手を支えながら行いましょう。無理に行うと、はしを使うことに抵抗を感じてしまうので、つまみやすい食べ物から始める、フォークとはしを両方用意して、好きな方を使えるようにするなど、配慮します。

子どもに伝える正しいはしの持ち方

①ぱくぱくの練習

親指、人差し指、中指の3本を閉じたり、開いたりする。

②はし1本で

指3本で、はしを1本挟む。

③挟んで動かす

挟んだはしを、そのまま上下に動かす。

④はし2本で

もう1本、下にはしを差し込む。

⑤上のはしを動かす

上のはしだけを動かし、先をぱくぱくさせる。最初は保育者が、下のはしが動かないように押さえておく。

⑥一人で動かす

慣れたら、下のはしを押さえず一人で動かす。

● 楽しく取り組めるように

はしを使う動きにつなげていくあそびを、保育に取り入れてもいいでしょう。

あけ移し

トレイの上に、あけ移す器2つとピンセットを用意する。最初はフェルトボールなど、つかみやすい物から。

「じょうずにつかめたね　次は小さなお豆でやってみようか」

あけ移す物は、ゴム製のパーツ→大きい豆→小さい豆と、少しずつ難しくしていく。

参考文献＝『生活の自立 Hand Book』谷田貝公昭監修　学研刊

5歳ころ
(5〜6歳)

運動あそびが活発になり、共通の体験を通して仲間意識が芽生え、協調性が育つ時期。

子どもの姿

このころの子どもは、時間的、空間的、価値的なさまざまな発達的三次元の世界を形成し、5歳後半「生後第三の新しい発達の力」が誕生する重要な時期である。
5歳児は鉄棒、縄跳び、ドッジボールなどの運動あそびやルールのある集団あそびが盛んになる。言葉であそびのイメージを共有したり、ルールを守る大切さを理解する体験を通して、仲間同士のつながりを深めていく。また、相手の立場に立って考え、教えることができるようになり、それによって他者ができるようになった喜びが自身の喜びの経験となって自己信頼感を培っていく。

5歳ころ 発達のようす

生理的機能

- 身長108〜115cm程度、体重16.5〜19.5kg前後となる。
- 前頭葉の前頭前野の一部では、シナプスの数は5、6歳ころがピークで8歳ころから緩やかに減少し始める。
- 経験や学習によって、ニューロンの回路網が形成される。

〈5歳6か月〜6歳〉
- 腰を中心に頭・胴体・手足を屈伸させて柔軟にバランスをとり、足の指先に力を入れて重心を制御することができ始める。
- 棒の登り降りが自力でできるようになり、幅跳びは1m程度、垂直跳びは20cm近くに達するようになる。
- 鉄棒では、逆上がりや前回りなどの回転に挑戦し始める。

全身運動

〈5歳〜5歳6か月〉
- 自転車や竹馬などに乗り、平地で両手や両足を交互に前進させるための体の制御ができ始める。
- 垂直方向の体の制御が必要な登り棒を、援助されながら上まで登ったり降りたりすることが可能になる。
- 跳び箱や幅跳び、側転などで「踏み切り―空中での制御―着地」といった3個1セットの活動に、挑戦し始める。
- うんていにぶら下がって2〜3回前に進んだり、低い鉄棒に跳び上がる、跳び箱を跳ぶなど、斜めの姿勢で定点をとらえて前進するための体の制御ができ始める。
- つま先立ちや片足立ちなど不安定な姿勢での静止制御に挑戦する。

手指の操作

〈5歳〜5歳6か月〉
- 3方向の人物画では、横向きや後ろ向きをとらえ始め、前向きとは異なる表現（黒目を寄せる、目や鼻を顔の端にかくなど）をする。
- 描画では、縦と横、さらに斜めをとらえることによって三角形がかけるようになる。
- 小さい丸から大きい丸まで、途中、でこぼこしながらも複数かくことができ始め、「真ん中」や「中くらい」については最大や最小とは異なるもの（最小の隣の丸など）としてとらえている。
- 家から園までの道順を絵にかいて表現し、出発点である「家」と目的地の「園」との間にある道や目印となるものをかくことができる。表現したいものを次々とかき加え、複数枚の紙に表現する。
- 積み木の構成では、「1、2、3、4」あるいは「4、3、2、1」などの系列化が可能になり、「斜め」を含む階段に挑戦し始める。

発達のようす

〈5歳6か月～6歳〉
- 3方向の人物画では、前向きや後ろ向きだけでなく、横向きもとらえて表現し始め、横向きで「目が1つ」になる理由なども説明できる。
- だんだん大きくなる丸をかき、大一中一小の「中」について、大きさとしての「中くらい」や、両端から数えた「真ん中」を同定するようになる。
- 家から園への道順をあらかじめイメージし、1枚の紙におさまるようにかく。
- 積み木を用いた階段の構成では、頭の中で左右を反転させられるようになり、反対向きの階段に作り直すことができる。

 言語・認識

〈5歳～5歳6か月〉
- 語い数は2000語を超える。
- じゃんけんの「グー、チョキ、パー」や「赤、黄、青」の信号の取り決めなど、3個1セットのルールに興味をもち始める。
- 自分の左右がわかり始める。
- 見かけが違うが高さは同じ2つの塔を見せて、「どっちが高い？」「どっちが小さい？」などと二択で聞くと、どちらか一方を答えることが多い。
- 数の理解については、20以下の対応・呼称・概括ができ、「＋1」「－1」が理解できる。

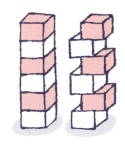

〈5歳6か月～6歳〉
- 時間的（過去一現在一未来）、空間的（左一真ん中一右）、価値的（好き一普通、まぁまぁ一嫌い）な三次元の世界が形成され始める。
- 対面する相手の左右がわかり始める。
- 見かけが違う2つの塔に対し、「同じ」と答えることができ始める。
- 道順や自分の経験について、「あのね、えーっとね」と文脈を作って相手にわかるように説明することができ、これらが書き言葉の基礎となる。

 自我・社会性

〈5歳～5歳6か月〉
- 自分自身や友達を多面的にとらえることができるようになり、結果に対して「できた―できない」の二分的評価から、できたなかでの「できなかった部分」をとらえ、先の経験から教訓を引き出して、新たな工夫・調整をする系列的評価へと進み始める。
- 過去一現在一未来のなかでの「自分」について、「大きさ」の変化に注目してとらえ始める。
- 将来なりたいもの（夢）を答え、今何をしたら〇〇になれるかという視点で答えることができ始める。

〈5歳6か月～6歳〉
- 家庭と保育所・幼稚園という2つの世界のほかに、友達同士で第三の世界を作り始める。
- 二手に分かれたその間にルールを媒介させ、両者の役割や立場を交代したりする活動に打ち込み、それらの体験が内面的な第三の世界を豊かにしていく。
- 他者を援助する場合にはやり方を指し示し、相手のできるところは尊重して、間接的・部分的な手助けができ始める。
- 教えてあげた友達の「デキタ！」という経験が、自分自身の喜びの経験となり、自己信頼感を培う。
- 過去一現在一未来のなかでの「自分」の変化について、大きさだけでなく能力や習慣といった点にも注目するようになる。

5歳ころ 保育のポイント

全身を動かすあそび

ここをおさえて! 運動機能がグンと発達して、足が地面から離れたところで、体をさまざまにコントロールすることができ始めます。そのような複雑な運動に挑戦し、楽しめるあそびを取り入れていきましょう。

● 鉄棒

ぶら下がりに慣れてきたら、さまざまな動きに挑戦してみましょう。

幼児の段階では、親指が上に乗った「猿手」という握り方でもOK。

ツイスト

ぶら下がったまま、体をひねる。

自転車こぎ

ぶら下がったまま、自転車をこぐイメージで両足を動かす。

両足抜き回り

握った両手の間から両足を鉄棒にかけてぶら下がる。

両足を離し、伸ばしながら前方に下げると体が自然に回転する。

※最初は怖がるので、必ず保育者がそばについて行う。危険なときはすぐに体を支え、落ちないように気を付ける。

大縄跳び

大縄を跳びながら、さまざまな動きに挑戦します。

くまさんくまさん（わらべうた）
縄を回している人や周りの人が口ずさみ、その内容に合わせた跳び方をします。

① ♪くまさんくまさん
　まわりましょ

跳びながら、その場を1周自転する。

② ♪くまさんくまさん
　りょうてをついて

姿勢をかがめ、地面に両手をついて跳ぶ。

③ ♪くまさんくまさん
　かたあしあげて

片足を上げたまま跳ぶ。

④ ♪くまさんくまさん
　さようなら

「さようなら」で大縄から出る。

ルールのある集団ゲーム

ここをおさえて！ ルールの共有によって、あそびや仲間とのつながりが深まることを理解する経験として、集団ゲームを取り入れていきたい時期です。ルールを守ったり、作ったり、変えたりすることを友達とのかかわりのなかで経験し、子どもが自分自身で考え、判断する力を培っていけるようにします。

バナナ鬼

じゃんけんなどでオニを数名決め、ほかの子どもたちは、オニに捕まらないように逃げます。オニにタッチされたら、両手を上げて（両腕がバナナの皮になる）その場から動けません。まだタッチされていない子に1回タッチされたら、片手を下ろし、もう1人にタッチされると、もう片方の手も下ろして、皮が2枚むけたら、また逃げることができます。

Point
トラブルが起こったときは……
「オニの希望者が多い」「タッチされたのに、捕まっていないと主張する」などのトラブルが見られます。保育者が解決策を提示するのは簡単ですが、子どもたちで意見を出し合い、ルールを確認し、解決する力がついてくる時期でもあります。保育者は仲介役となり、何に困っているのか、どうすれば次は困らずにあそべるのかを、子どもと一緒に考えていきましょう。自分たちが考え、納得すれば、あそびがより発展し、子どもたちはそのルールを守ってあそべるようになっていきます。

だれが捕まり、だれが捕まっていないかが、目で見て判断できるため、オニも逃げる側もわかりやすい。

5歳ころ

役割のあるあそび

ここをおさえて！ 集団活動のなかで、言葉による伝達や対話の必要性が増し、仲間との話し合いを繰り返しながら、自分の思いや考えを伝える力や、相手の話を聴く力を身につけていく時期です。そんな5歳児のあそびが豊かになる要素のひとつとして、「役割」が挙げられます。

● イメージの世界で役割を楽しむ

イメージの世界を楽しみながら、友達と一緒にそれぞれの役割を楽しめるあそびを取り入れていきましょう。

お店屋さんごっこ
3～4歳のころは、お店屋さんごっこをしても、おつりを渡したり、料理を作るまねをしたりするのが楽しく、自分なりに「お店屋さんのつもり」であれば満足する。しかし、5歳になると、「それではお店屋さんらしくない」と気づき、「お客さんがいないとつまらないから、だれかお客さんになって」と、友達とのかかわりを求めるようになってくる。これは、必要な役割を、ストーリーや状況から考え、伝えられるようになってきたことの表れ。まずは保育者が、その子の要求に応じた役になって一緒にごっこをし、しだいに友達同士で楽しめるようにしていく。（P.93参照）

「真ん中」の発見
～発達的三次元の形成～

ここをおさえて！ 「はじめ―おわり」「できる―できない」といった二次元的な認識のなかに、ずっと続く、だんだんと変化する「間」の世界をとらえる力が芽生えます。そして、空間や時間、大きさや力などを三次元でとらえて認識することができるようになってきます。

新たな三次元の関係が成立

自分を中心にして、新たな三次元の関係を多面的に成立させていきます。空間的（「前―横―後ろ」、「左―真ん中―右」など）、時間的（「昔―今―将来」、「始め―続き―終わり」など）なことを三次元でとらえたり、「弱―中―強」「小―中―大」など、変化をとらえて認識することができるようになってきます。

日常に丁寧に取り入れて
生活や活動のなかで、この三次元の認識を踏まえた指示を、無理なく入れていく。理解には個人差があるため、丁寧に言葉かけすることが大事。例えば、並ぶときに、自分を中心として「前のお友達は○○ちゃんで、後ろのお友達は△△君ね」などと具体的に伝える。
また、声の大きさ加減を伝えるとき、目で見てわかる掲示をすると、イメージしやすい。

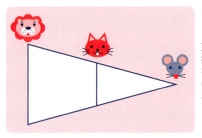

声の大きさを伝える掲示。動物で強弱を表し、「中くらいはネコさんの声」などと伝えていく。

保育のポイント

三次元を含む製作

ここをおさえて！ 作るものを頭のなかでイメージし、「縦─横─斜め」「縦─横─奥行き」「縦─横─高さ」を含む三次元の製作を行うようになります。生活のなかで感じたことを再現したり、さらにイメージを広げようと工夫を凝らしたりしながら、表現しようとします。また、手先の器用さも増し、さまざまな道具を扱えるようになるため、表現の幅も広がります。

● 作りたいときにすぐできる環境設定

子どもたちが作りたいと思ったときに、すぐ作ることができる環境が必要です。さまざまな材料や道具を子どもの手の届く所に置いておき、いつでも使えるようにしておきましょう。なくなる前に補充するのも忘れずに。

廃材や自然物

食品の空き容器、トイレットペーパーのしん、布切れ、木の実　など

道具

ボンド、のり、はさみ、セロハンテープ、ガムテープ、色紙テープ、ビニールテープ、フェルトペン　など

● 作る楽しさを味わう製作

材料や道具の使い方は丁寧に指導しますが、見本を提示して、その通りに作るといった指導は行わず、「作る楽しさ」を実感することからスタートします。
自分が作りたいものを自由に作れるようにすると、子どもたちは、思い思いにさまざまな材料を組み合わせて、家、動物、お城など、さまざまな立体の作品を作り上げていきます。保育者は、見た目の美しさを評価するのではなく、作った子どもの思いや工夫を受け止め、共に感じる心でかかわることが大事です。

Point
子どもが能動的に活動に取り組んでいるときは、何度もあきらめることなく、試行錯誤を繰り返します。保育者は、焦らず、ゆっくり見守りましょう。

● 子どもの課題に応じたサポートを

保育者は、個々の子どもの力や課題をとらえ、意図をもってサポートしましょう。

好きなものをきっかけに

その子の好きな物（例えば電車）をきっかけにすると、イメージがわきやすくなる。

教えたいことを重点的に

例えば、のり使いを教えたい子には、その部分を保育者が一緒に行う。

達成感を味わえるように

作業が進まず、楽しさを感じられずにいる子には、最後のステップだけを自分で行って、「達成感」を得られるように援助する。

5歳ごろ

「変化」や「すじみち」を楽しむ
～思考する力の基礎作り～

ここをおさえて！ 文脈を作り、相手にわかるように説明したり、物事にすじみちや、理由を見い出したりするようになります。例えば、「それから……」などの言葉を駆使して、話をつなげようとしたり、「昨日―今日―明日」と時間軸を三次元でとらえたりできるようになります。このような力が、すじみちを立てて物事を考える「思考」の基礎につながっていきます。

思考することを楽しむ

「発達的三次元」の形成に伴って、だんだん「変化」のあるものや、「すじみち」をたどって楽しめるものに興味や関心をもつようになります。

変化やすじみちのあるゲーム
すごろくやトランプなどのカードゲーム、しりとりなどで、次を予想したり、展開を楽しんだりする。

絵本の読み聞かせ
「こうなったから……こうなる」といった因果関係や、時間軸に沿った解釈ができるようになるため、ストーリー性のあるお話を好むようになる。ただ文章を読むだけでなく、「次は○○が出てくるかな」「△△の場所に行くのかな」などと話の内容を予測したり、「□□は今どんな気持ちかなあ」と、反応を見ながらアドリブを入れ、子どもたちと考える。

Point
楽しいお話であれば、「おもしろかったね、どうだった？」などと感想を話し合い、悲しいお話であれば、そのまま静かに終わって余韻を残すなど、子どもの感受性を大事にしましょう。

話したり聴いたりする活動

ここをおさえて！ 今までの経験を通して、自分なりに考え、判断する力の基礎を培う時期です。また、自分の気持ちをわかりやすく表現したり、相手の気持ちを聴いたりする力が育ち、しだいに、相手を許し、認めるといった、社会性の基礎も身につけていきます。

意思疎通を意識した場を作る

朝の会や帰りの会などで、保育者や友達の話を集中して聴いたり、自分の気持ちを人に伝えたり、という場を設け、その体験を積み重ねていきましょう。集中して話を聴ける時間がまだ短いため、保育者は簡潔に話をまとめるようにし、活動の説明をするときは、写真や絵、カレンダーなどを利用して、視覚的にも訴え、見通しをもって楽しみに聴けるように工夫をします。また、「友達に気持ちを伝えたり、友達の気持ちを聴いたりする」力を培うために、「今日の楽しかったこと」を発表するなど、子どもたちの意見を聴く時間も作りましょう。

Point
保育者がクラスのことで困ったり、問題だと感じていることを子どもたちに投げかけ、話し合うようにしてもよいでしょう。

保育のポイント

仲間と一緒に創り上げる活動

ここをおさえて! 少し先を見通しながら、仲間と一緒に目的をもった活動を行うようになり、すぐに大人に頼らず、自分たちで解決しようとする姿が見られるようになります。仲間の間で新たな目的が生じ、それぞれの子どもの役割に変化や発展が見られるなど、集団としての機能が高まってきます。

● それぞれの役割を担い、心をひとつに

ひとりひとりが自分の役割を果たし、仲間を意識してひとつのことに取り組んでいく活動について、「合唱」を例に挙げて考えてみます。
友達の声にも耳を傾け、気持ちを合わせて歌うことが大事な合唱は、仲間作りにも通じるところがあります。

友達を意識する
みんなで歌う意味や、みんなで歌ったら楽しい、ということを感じられるように、「友達の声を聴きながら歌う」ことを伝えていく。例えば、「○○ちゃんの声、みんな聞こえた？ すごくきれいな声だったね。次は、友達の声も聴きながら歌ってみよう」などとなげかけていく。

気持ちを合わせる
歌の出だしがピタッと合う瞬間など、みんなの気持ちが合わさった心地よさや、うれしさを感じられるようにする。初めは少人数でも、回数を重ねていくと合う瞬間があり、「あっ」という目をする子がいる。保育者は、そういった子どもたちの変化を逃さないようにしたい。「今、みんなの声がひとつにそろったね。先生、とてもうれしかったよ」と子どもに返していくことで、「僕もそう思った」などのやりとりが生まれ、「ああ、そんなふうに感じるんだ」と気づく子もいる。

披露する
みんなの気持ちが合うようになってきたら、その成果を披露する場を設定する。聴いている子どもたちに「すてきなところを言ってあげてね」となげかけ、感想を述べ合う時間を設けるとよい。「声がきれいだった」「間違えないで歌っていた」などと言ってもらうと、それが喜びや自信につながっていく。このような経験を繰り返し、「みんなで楽しむ」雰囲気を作っていくことが大切。

5歳ころ

保育のポイント

当番活動
〜自己信頼性を培う〜

ここをおさえて！ 人の役に立つことをうれしく、誇らしく感じ、進んで大人の手伝いをしたり、年下の子の世話をしたりするようになる時期です。このような経験を積み重ね、相手を気遣う心を培ったり、自己信頼性（自分に自信をもつこと）を高めたりしていきます。

● 自分の力・友達の力を共に発揮する

友達同士で認め合い、感謝されたり、達成感を味わったりできる活動として、食事当番など、グループでの当番活動を取り入れていきたい時期です。（P.93参照）

グループ作りのポイント
「当番活動を通して、ひとりひとりの思いが出せるようにする」ことをねらいとし、グループを作る際には、
① グループの中に自分を出せる友達がいる。
② リーダー的存在の子（月齢の高い子など）とその子をサポートする存在の子がいる。
といったことを意識する。

自信を高める声かけを
自分のしたことが役に立ったという充実感、役割を果たすことができたという達成感が、自分を信じる力につながっていく。保育者は、「○○君が大きな声でメニューを教えてくれて、わかりやすかったよ」などとその子の行動を認めたり、「○○ちゃん、スープを配るのを手伝ってくれてありがとう」と感謝の気持ちを伝えるなど、自信のつく言葉を意識的にかけていく。
こうして当番活動で自己信頼性を培った子どもたちが、「自分たちの生活を自分たちで創っていく5歳児集団」として育っていく。

身体の自己管理
〜基本的生活習慣の自立〜

ここをおさえて！ この時期には、一日の生活を見通しながら次に取るべき行動がわかり、手洗い・食事・排せつ・着替えなど、生活に必要な行動のほとんどを、ひとりでできるようになります。また、自分の体を大事にするという意識もはぐくみたい時期です。

● 自分のことを自分でする

大人に指示されなくても、身の回りのことが自分でできるようになります。つい、「もうできるよね」「もうお兄さんだからやりなさい」などの言葉をかけがちですが、例えば、ズボンをはこうとして自分ではうまく上げられないとき、保育者が後ろに回ってズボンの後ろを引っ張り上げ、自分でできたと思えるように援助するなど、まだ、さりげない見守りと支えが必要です。自分のことが自分でできるようになることは、自信につながり、活動の意欲を高めていきます。

● プライベートゾーンを守る意識を

「自分の体の大事な部分（水着で隠れる部分＝プライベートゾーン※）は自分で守る」ということも、少しずつ意識していきたい時期です。内容のすべてを理解することはまだ難しいですが、まずは保育者がそのことをきちんと理解し、トイレや着替えのときに配慮をするようにしましょう。また、プライベートゾーンは大事な場所で、だれかが触ろうとしたら「触らないで」と言っていいんだよ、ということも、繰り返し、子どもたちにわかりやすく伝えていきましょう。（P.93参照）

※「プライベートゾーン」……性被害から子どもを守るために、1982年にアメリカで発刊された書籍から生まれた造語。

6歳ころ
（6〜7歳）

文字・数などへの関心が高まり、思考力・認識力が豊かに育つ時期。

子どもの姿

このころの子どもは、側転、跳び箱、竹馬など「踏み切る、空中での身体制御、着地」の3要素を含むさまざまな運動あそびに熱中する。複数の役割のある劇あそびや当番活動などでは、子ども同士で話し合い、譲り合って役決めや役割分担ができるようになる。また、目の前にいない人へ自分の気持ちを伝える手段として、文字を使うようになり、時計の数字を見ながら時間を意識して生活することが習慣になる。さらに、自分自身や他者、物事を多面的にとらえ、理屈を基にしたさまざまな説明ができ始める。

6歳ころ　発達のようす

生理的機能

- 身長115〜122cm程度、体重19.5〜21.5kg前後となる。
- 成長ホルモンの成熟が進み、6頭身になる。
- 脳重はおよそ1300gになり、6歳で成人の脳重量の約90%に達する。
- 中枢神経系の成熟が進んで視力が成人に近くなり、中間的な色・音などへの感受性がより敏感になる。特に、きゅう覚の敏感さは6歳でピークに達する。
- 乳歯が脱落し、永久歯（第一大臼歯）が生え始める。

- 手根骨が6個になる。
- 背筋力は20kgを超え、握力は10kg前後となり、腕を屈曲させる力も強くなる。

手指の操作

- 鉛筆や筆、はさみやナイフといった道具を3点支持で扱い、それぞれの部位への力の入れ方、手や指の制御が可能になる。
- 手指の操作の巧ち性が高まり、編み物、こま回し、泥だんご作りなど、手先を使ったより細かい作業が可能になる。
- 模写では、斜めの線を組み合わせたひし形がかけるようになる。
- 人物画における表現が詳細（首、まゆ毛、歯、服、靴など）になり、横向きでは目や耳、手足などを1つだけ表現し、その理由について説明できる。
- 積み木の構成では、完成をイメージしながら系列的に階段を作ったり、自由構成では積み木の角を生かしたり、間隔を空けたり、立体的な構成を行う。
- 創作ではあらかじめ何をかく（作る）かを考え、感動した体験を表現したり、友達同士での共同製作も可能になる。

全身運動

- 両足のかかとをつけ、両手を体側に沿ってまっすぐ伸ばした直立位（「気をつけ」の姿勢）や正座などの正姿勢が短時間とれるようになる。
- 走るという活動を基本に、片足跳びやその交互制御、さらに跳躍や横転、回転などの方向転換が含まれても、複数回連続して行えるようになる。
- 走りながら連続片足跳び前進、交互片足跳び前進、連続スキップ前進、連続横跳びや左右交互の横跳び、さらに連続側転などができるようになる。
- 自転車や竹馬などに乗るための身体制御が進み、足の指先に力を込めて前進することができ、補助輪なしの自転車に乗ることもでき始める。
- 鉄棒での逆上がりや前回り、しり上がりや足抜き回りなどが可能になり、跳び箱でも連続して跳ぶことが可能になる。

発達のようす

言語・認識

- 時間的、空間的、価値的な三次元の世界が密度高く豊かになる。
- さまざまな理屈がわかり、それを根拠とした言語的な説明が可能になる。
- 対面する相手の左右が自分とは反対になる理由を、身振りや言葉で説明でき始める。
- 見かけが違う2つの塔の比較を厳密に行い、「同じ」である理由について言葉で説明ができる。
- 「読み、書き、算」への関心が芽生え、言語が考える（思考）手段となる。
- 文脈をつけようとして、中身が伴わないようなときに、「アホ、バカ、マヌケ」など3個1セットになった汚い言葉や乱暴な言葉を使うことがある。
- 離れた所にいる人や、今ここにいない人との交流の手段として手紙を書くようになり、絵本のひらがな、看板や広告など身近な「文字」への関心が高まる。

- 「卵と石」「砂糖と塩」などの語いの差異について、色や硬さなど、同じカテゴリーで対比的にとらえ始める。
- 「重さ」の比較では、重さの違う5個のおもりを2つずつ比較することを繰り返し、一番重い物から順に軽い物へと系列化することへの挑戦が始まる。

自我・社会性

- 活動範囲や興味の対象が家庭や園から地域へと広がり、社会的ルールの理解も始まる。
- 友達集団であそぶことが楽しくなり、売り手と買い手、読み手と聞き手など、二手に分かれた関係をもつことができ始める（お店屋さんごっこ、かるたなど）。また敵と味方に分かれ、勝ち負けのあるゲームを楽しむようになる（ドッジボールやオニごっこ）。
- クラス集団全体のなかでの役割や、ルールに基づく自分と他者の立場を理解し、役割交代ができ始める。
- クラスみんなで同じ目的に向かって活動することを楽しむ。

- 自分について、名前や性別、誕生日、好きなことやしたいことなど4つ以上のことが答えられ、多面的かつ多価的な理解と説明ができ始める。
- 相手の多面的、多価的な理解のなかに、自分と共通する部分の理解が広がってくる。

- 相手の気持ちや立場を考え、相手の過ちに対して謝罪があれば許すことができ、故意かどうかにも注目するようになる。
- 将来なりたいもの（例：サッカー選手、ケーキ屋さん）のために今何をすべきか、将来を見通して「現実吟味」ができ始める。

6歳ころ

6歳ころ 保育のポイント

複雑な動きを楽しむ

ここをおさえて! 重心の置き方や力の入れ方のコツをつかみ、体のバランスをとるのが上手になってきます。また巧ち性も増し、複雑な動きが可能になってくるので、道具を使った動きの複雑なあそびを取り入れ、体全体をしっかり動かしましょう。

● ロープを両足跳び

日々のあそびに取り込み、基礎体力や運動機能を高めます。ロープに引っ掛からないように、両足でジグザグに跳び、様子を見ながらロープの高さを変えていきます。

Point
体のバランスが保てるようになると、連続で跳べるようになります。また、リズムをつかむと、一人縄跳びの手の動きと跳ぶ動きの連続性や感覚が身につきます。

ロープがズレないように、ガムテープで固定する。

慣れてきたら、リズムをとりながら1回跳びをしたり、同じ場所で2回ずつジャンプしながら跳んだりする。また、ウサギやカンガルーになるなど、動物になってあそんでも楽しい。

● 跳び箱

まずは跳び箱に両手をついて、両足を開脚した状態で跳び箱の上に乗り、ジャンプして降りるところから始めます。両手で体をしっかり支える力や、瞬発力が育ちます。

体の重心が両手に均等にかかる位置に、ビニールテープなどでこのような絵をかいておき、「手の位置はカニの目のところね」と伝えるとわかりやすい。手をしっかりパーに開き、ひじを曲げないように伝える。

● 竹馬

バランス感覚を養うのに最適なあそびです。
保育者が前に立って支える→踏み台（竹馬の踏み板と同じくらいの高さ）を使って乗る→地面から乗るというように、少しずつステップアップしていきます。

一人で乗れるようになったら、踏み板を高くする、三角コーンを置いてジグザグコースを作る、速さを競うなどと、あそびを発展させる。

保育のポイント

ルールのある集団あそび

ここをおさえて！ 子ども同士で意見を出し合い、みんなで楽しくあそぶにはどうしたらよいのかを考えることができるようになる時期。いろいろな意見を聞き、ルールを変更しながら、臨機応変にあそびを楽しくしていこうとする力が育ってきます。

● みんなが参加できるように

ルールの理解度やゲームへの参加の仕方には個人差があり、ある子はオニに捕まっても認めなかったり、ドッジボールでボールが当たるのが怖くて消極的になってしまったりと、なかなかあそびが進んでいかないことがあります。まずは、保育者自身がルールや勝ち負けにとらわれず、ひとりひとりの参加の仕方や個性を受け止めるようにしましょう。

子どもたちが互いに認め合えるクラス作りをしていくことが、あそびを豊かにする土台となります。例えばドッジボールで、ボールを怖がる子については、当たってもセーフにするなど、ルールを変更することで、「みんなが安心して参加できる」雰囲気作りを考えていきます。そうすることで、あそびをより楽しくするために、場や状況に応じてルールを変更する方法があることを、子どもたちは学んでいきます。

● 話し合い、自分たちでルールを決める

ルールが難しくなると、作戦を立てたり、協力し合ったりすることが必要になってきます。また、「勝ち・負け」へのこだわりも強くなり、「○○のせいで負けた」「△△が遅いから……」などと、運動が苦手な子やルールの理解が追いつかない子を責めるといったトラブルも発生します。そういうときは「何があったのか」「なぜ起こったのか」をみんなで話し合うことが大切です。そして、「どうしたら、みんなが楽しく参加することができるか」を考え、自分たちでルールを決めていきます。このような話し合いをたくさん繰り返すことで、友達の気持ちに気づき、共感し合い、作戦や対応策を考える力もついていきます。

構成あそび

ここをおさえて！ 数の理解が進み、物を配列したり、空間を頭のなかで描き、完成をイメージしながら構成したりすることができるようになってきます。子どもの集中力や取り組む意欲を支える環境を意識しましょう。

● 手と頭をしっかり使って

縦・横・斜めを理解し、さまざまな形や色を組み合わせて、イメージを作り上げるようになるこの時期、巧ち性を増した手と頭をフルに使いながら、興味のあることに没頭する姿が見られます。十分な時間と場所を確保し、作り上げたときの充実感や達成感を得られるようにしましょう。

じっくり取り組むコーナー作り
保育室に、構成あそびに集中して取り組めるコーナーを設置する。
例：折り紙コーナー（集中力・注意力・巧ち性）、積み木・ブロックコーナー（思考力・集中力）、編み物コーナー（集中力・巧ち性）、ビーズコーナー（集中力・巧ち性）、あやとりコーナー（思考力・集中力・巧ち性）など

Point
活動の区切りで中断する場合や、次の日にまた続きをしたい場合には、作りかけの物をそのままにしておけるような配慮をしましょう。（P.93参照）

6歳ころ

社会ルールの理解

ここをおさえて！ 活動範囲が広がってくるため、地域社会のルールに乗っ取った言動を少しずつ知らせていきたい時期です。園外での活動を利用して、公共の場での振る舞いやルールを、確認していきましょう。

● お店（公共の場）でのマナー

クッキング材料の買い物などの機会を利用して、「大声を出さない」「走り回らない」「むやみに商品に手を出さない」「買う物が決まったら、レジに行ってお金を払う」など、お店でのマナーを知らせます。

● 乗り物でのマナー

遠足などを利用し、バスや電車の乗り方や車内では静かにするなどのマナーを知らせます。

● あいさつ

散歩先で出会った人や、高齢者との交流などの機会に、あいさつの大切さや気持ちよさなどを知らせます。

Point
園外での活動時は、社会のルールやマナーだけでなく、あまり慣れていない和式トイレの使い方や、こまめに水分補給をするなどの生活自立についても働きかけていきます。

テーマを共有した製作

ここをおさえて！ 作ろうとする物を、あらかじめイメージする力がついてきます。表現には物語性も出てきて、仲間とテーマを共有して、役割をもって共同製作を進めることができます。

● 自分のイメージを言葉で伝える

遠足で心に残ったことなどテーマを決め、ひとりひとり絵をかいて発表します。絵に込めた自分のイメージや思いを言葉にして人に伝えることが、自分自身を表現することにつながり、また、友達の意見に耳を傾け、そこからイメージを広げるおもしろさを発見する経験となります。

Point
ひとりひとりの表現の仕方を大事に
言葉が見つからなかったり、周囲の目が気になったりして、なかなか自分の考えを表出できない子もいます。保育者は、ひとりひとりに合った表現方法があることを心に留め、その子に合った表現の仕方を見つけていきましょう。その子なりの表現を積み重ね、頑張ったことをみんなの前で褒め、認めていくことで、少しずつ自信がもてるようになります。

● 1つのイメージを仲間と共有

個々のイメージを仲間と共有する体験を経て、次はクラスでテーマを決め、グループに分かれて製作をします。テーマからイメージを膨らませ、グループでアイディアを出し合い、イメージを共有して表現する楽しさを味わいます。イメージがなかなか膨らまないときは、本を読む、散策に出かける、保護者に聞くといったことを提案してみてもいいでしょう。出た意見を書き出したり、イメージを絵（設計図）にしたり、話し合いの結果を、目で見てわかるように整理すると、子どもたちのなかでイメージが具体化し、見通しがもちやすくなります。

Point
意見がなかなかまとまらない場合は、保育者が話し合いに入り、「○○を作るのに何が必要かな？」など、具体的な内容に深めていけるような質問を子どもになげかけて、バックアップします。

物語を楽しみ、表現する

ここをおさえて！ 物語の主人公に感情移入してイメージを広げ、起承転結の流れやおもしろさを理解できるようになります。また、自分でお話を作ったり、物語を演じたりすることを楽しむようになる時期です。

● 毎日少しずつ読み聞かせを

朝の集まりの時間など、毎日時間を決めて少しずつ読み聞かせをします。耳で聞き、イメージすることを伝え、徐々に慣れてくると、長い話でも集中して静かに聞けるようになります。

● ストーリーを演じる

物語のイメージを、体の動きや言葉で積極的に表現したり、アドリブを加えながらストーリーを自分で作ったりするようになります。子どもたちの主体性を大事にしながら、クラスでの劇あそびへと展開させていきましょう。みんなが力を出し合わなければ成立しない劇あそびには、表現力だけでなく、ものを創り出す力や、人とかかわる力が求められます。保育者は子どもたちが「役になりきって演じる」「勇気と自信と優しさをもって、力を出し切る」ことをしっかり認めていきましょう。

「自分たち」で進めていく

クラスでイメージを共有しながら、役作りや劇に必要な小道具の製作なども、自分たちで取り組む。保育者は、製作に必要な材料や衣装に見立てられる物を十分に用意しておく。

友達と励まし合い、認め合う

練習をしていくうちに、互いの動きやせりふに対して、「こうしたらいい」と思うことを、言葉で伝えるようになる。それが批判的なものの場合、最初のうちは受け入れられず、トラブルになることもあるが、友達が教えてくれたことを受け入れ、「みんなでできたね！」「次も成功させよう！」と励まし合うやりとりを通して、自分の考えを押し付けるのではなく、友達の思いや立場を理解するといった社会性が育つ。

気持ちに折り合いをつける

やり手の少ない役が出てきて、だれかがやらなければならないという場面が出てくることもある。そういうときに、自分のやりたい役とは違うけど、「その役が劇にとって必要・大切である」ことを感じ、役割を演じるというように、前向きに自分の気持ちに折り合いをつける姿も見られる。

自信をもって演じる

役になりきることに恥ずかしい気持ちがある反面、見てくれる人がいるから張り切り、喜びを感じることもできる時期。披露する場を作り、保護者を招く場合は、できの良い・悪いではなく、頑張った過程を認めてほしいことを伝える。

6歳ころ

「文字・数」への関心を高める

ここをおさえて！ 数の理解が進み、時間の観念が育ってきます。また語い量も増え、自分の気持ちを書き言葉で伝えようとしたりもします。小学校への期待をもち、ひらがなや数字を読んだり書いたりすることへの興味が高まる時期です。

● あそびや生活のなかで

勉強としてではなく、あそびや生活環境のなかに「文字」や「数」を取り入れ、楽しみながらふれていけるようにしましょう。

お手紙コーナー

はがきや紙、封筒、鉛筆、フェルトペンなどを用意しておく。書いたらポストに投かんするようにしても。カレンダーやあいうえお表をはっておくと、それを見て自分で書くようになる。

数を意識するあそび

「タンブリンが鳴った音の数だけ人数を集める」などのあそびを。

時計を見て時間を確認

活動時間などを時計を見て確認。また、「○時になったら△△をする」と事前に伝え、自分で時計を確認するなど、時間を意識する力につなげていく。

カレンダーで生活の流れを把握

カレンダーに毎月の活動予定を記入し、子どもたちが見やすい位置にかけておく。自分たちの活動に興味をもち、「明日は〜があるね」「用意する物はなんだろう」と、見通しをもって楽しみにすることができる。また、「昨日・今日・あした」をつなげる力にもなる。

給食当番で

メニュー表をひらがなで書いておき、当番が読み上げる。

食事の盛り付け見本を見ながら量を調整したり、「どのくらい食べますか？」と聞いて加減したりする。

保育のポイント

野菜の栽培
~栽培を通して多様な体験を~

ここをおさえて! 自然のなかで五感を十分働かせることで、子どもたちはさまざまな変化を感じ、しなやかさやたくましさを身につけていきます。また、そのような体験から、物事をより深く見つめる力も育ちます。そういった、自然のなかで育つ感覚を、大事に育てていきたい時期です。

● 野菜の栽培

五感を通して野菜を育てる経験から、その生長の喜びを感じ、食べ物に対する感謝や親しみの気持ちを育てていきます。

種まき(苗植え)
クラスで親しんでいる絵本に出てくる野菜や、子どもたちが好きな野菜の種・苗を植える(育てやすく、確実に実がなる野菜を選ぶとよい)。植え方は写真や絵で知らせ、できれば土作りから子どもたちと一緒に行う。

例えば…
- ●春に植えて夏~秋に収穫
  ナス、ピーマン、トマト、キュウリ、ゴマ など
- ●秋に植えて冬に収穫
  ホウレンソウ、コマツナ、カブ、ダイコン、ニンジン など

水やり
毎日登園したら水やりを楽しんで行う。適切な水の量を伝え、水をあげすぎると実がうまくならないことを教える。また、「大きくなあれ、おいしくなあれ」など、親しみをもって声をかけて育てることで、おいしい野菜に育つことを知らせる。

観察・描画
栽培途中の様子や収穫した野菜を観察し、形やにおい、大きさ、触った感触などを確かめる。また、絵にかくことによって、ひとつひとつの微妙な色の違いなどにも気づく。

よく観察すると、茎や葉に毛があることや、葉脈があることなどに気づく。

収穫
収穫した物は、できれば園のみんなで喜びを分かち合いながら食べる。それまで苦手だった物でも、うれしそうに食べる姿が見られることがあり、愛着をもって大事に野菜を育てる経験が、子どもを成長させることがわかる。

Point
育てる野菜の図鑑や絵本を置いておくと、子どもたちの関心がより高まるでしょう。また、野菜が大きく育つにはどうしたらよいのかを話し合ったり、生長する姿を想像したりして、栽培の楽しみや喜びを分かち合っていきましょう。

6歳ころ

保育のポイント

友達関係の深まり

ここをおさえて！ 友達の気持ちを理解し、互いに自己主張をし合える、深い友達関係がもてるようになってきます。同時にけんかも増えますが、主張を聴き合い、相手を受容し、意見を調整して折り合いをつけていくことができるようになってくる時期です。

● 仲間意識の強まり

主に同性の仲のよい子と数人でグループになり、自分たちだけの秘密を共有するなど、仲間意識が強くなってきます。思い入れがある分、友達を独り占めしようとして、その子がほかの子と仲よくすると嫉妬したり、けんかしたりというトラブルが起こることもあります。

Point
トラブルについて例え話をし、みんなで話し合う機会を作るとよいでしょう。「仲間に入れなかったらどうする？」「そのときどんな気持ち？」など、ひとりひとりが考え、意見を出し合うことで、いろいろな気持ちがあることがわかったり、相手の気持ちを深く考えたりすることにつながっていきます。

● 友達を思いやる気持ち

活動で遅れがちの子や、できない子のことを気にかけ、その子ができるまで見守ったり、やり方を教えたりする子も出てきます。気にかけた子ができるようになったことが、自分の自信にもつながり、気にかけられた子も友達から認められる喜びを感じ、互いに助け合う気持ちが生まれてきます。

就学に向けて

ここをおさえて！ 就学に向けて、期待に胸を膨らませる子どもたちの姿が見られるようになってきます。小学校への生活にスムーズに移行できるよう、家庭と連携して準備を進めていきましょう。

● 自信を高める活動

自分に与えられた役割を、責任をもって果たす経験を積み重ねることで、自信をもって行動できるようになってきます。当番活動などで、子どもたちのなかで自分が必要とされ、認められたと実感できる場を意識的に作っていきましょう。

「人数調べ当番」で、担任以外のほかのクラスの保育者とやりとりする。

● 小学校生活を意識して

就学に向けて、できる範囲で小学校を意識した生活の流れや声かけを取り入れていきましょう。

学校ごっこ
秋ごろから、45分授業に休憩を10分挟むといった小学校生活の流れを意識して保育のリズムを作る。時間への意識が高まり、自分で考えて行動しようとする姿が見られるようになる。

手首の力・筆圧を高めるあそび
細い道をはみ出さないように色鉛筆で線を引く迷路あそびを楽しみ、手首のいろいろな動きや集中して書く力を育てる。

名前を書く
あそびや生活のなかで文字や数にふれ、文字に関しては、自分の名前が書けるようになっているとよい。

0〜2歳児 保育室環境

0〜2歳児クラスの保育室環境について、実例を挙げながら解説します。
乳児①〜3歳ころの「保育のポイント」(P.8 〜 P.55) と合わせてご覧ください。

0〜1歳児 ひとりひとりの生活を保障する環境

個々の生活リズムがまちまちな0〜1歳児クラスでは、主に低月齢児と高月齢児とで保育室を分け、そのなかでもそれぞれが快適に過ごせるよう工夫する。

● 低月齢児のスペース
個々のリズムに合わせ、いつでも授乳、離乳食、睡眠がとれるようなスペース作り。

● 高月齢児のスペース
ある程度生活リズムがそろってくる高月齢児は、食事、睡眠、あそびなどを一緒に行えるスペース作り。

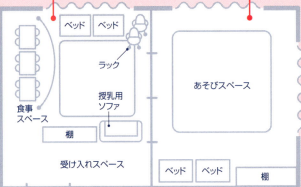

あそんでいる低月齢児が、高月齢児の食べこぼしを口に入れたりしないよう、仕切りを作る。

● 高月齢児の午睡中

午睡時、早く目覚めた高月齢児は、低月齢児のスペースであそぶ。

布団、ラック、おんぶ、抱っこなどそれぞれの入眠しやすい体勢で。眠りが深くなったところでベッドや布団に。

午睡中は、室温や採光に注意。カーテンは薄手にして常に子どもの顔色や表情が確認できるように。

保育室環境

1～2歳児　「ジブンデ」を満たす環境

自我が芽生え、拡大、充実していくこの時期、「自分でしたい！」「自分のもの！」という思いを満たし、必要な経験をしていくため、保育室の随所に「ジブンデ」を意識した環境の工夫をする。

●テラス

外に出るときは、箱から自分の靴を出し、すのこに座って履く。

帽子や上着は物干し形のものにして、外に出るときはテラスに持ち出す。2歳児クラスになると、自分で洗濯ばさみから外して持ってくる。

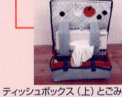

ティッシュボックス（上）とごみ箱（下）をセットにし、どこにでも持ち運びができる。園庭であそぶときは、テラスの所に下げておく。

●絵本コーナー

好きな絵本を取り出し、布団の上やクッションに寄り掛かり、ゆったりくつろぎながら見る。

※この時期は保育者と一対一で絵本を見るかかわりを大切にする。

●ブロックコーナー

「自分の！」という思いが強くなる時期は、ブロックを1人ずつの量（6～8個）に分けてかごに入れておき、ひとりひとり自分のブロックであそぶ（自分のかごは自分で片付ける）。

●パンツやズボンをはく台

タオルにゴムを付けたカバー（毎日取り替えて洗濯する）。

新聞紙などを中に詰めて作った牛乳パックブロックを12個合わせ、周りに布をはる。

●着替えスペース

自分の服をかごから出して着脱する。脱いだ服はそれぞれ袋にしまう。

保護者に毎朝、着替え一式をかごに入れておいてもらう。

●ままごとコーナー

料理、洗濯、赤ちゃんのお世話など、それぞれが好きなことをするなかで、友達とのかかわりも生まれる。

2歳児クラスになると、ままごとからレストランごっこに発展したり、洗濯やお風呂ごっこではタオルを洗濯ばさみで留めて干したり、成長に伴って変化するあそびの内容に合わせて環境も変化させる。

●手指あそびのコーナー

棚から好きな物を選び、テーブルに持ってきて行う。テーブルは、壁に向ける物と数人で一緒に行える物とを設定し、自分の好きな環境を選べるようにする。

棚の中には、手指を使ってじっくり取り組めるおもちゃを。子どもの発達に合わせて用意する。

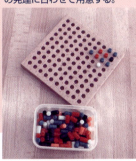

脱いだ服などを入れる袋。可動式のラックに掛けているので、着替えの場所に移動することもできる。

保＝保育者がつく場所

0～2歳児クラス　室内おもちゃ

発達の著しい0～2歳児クラスです。保育室には、それぞれの発達に合わせたおもちゃを用意できるよう、子どもたちの様子を見ながら選び、必要に応じて入れ替えていきます。

月齢	発達の目安		保育室に用意したいおもちゃ（例）
	全身	視覚・手指	
1 2 3 4 5	あおむけ	点としての追視 線としての追視 面としての追視 もみじ状に開く 全方位の追視	・つりおもちゃ、モビール ・おきあがりこぼし ・ガラガラ ・にぎにぎ ・プレイジム ・マラカス、でんでん太鼓
6 7 8 9 10 11	寝返り お座り はいはい つかまり立ち 伝い歩き ひとりで立つ	2つの物を見比べる わしづかみする 外に向けた操作 （散らかす） 内に向けた調整（積む、入れる） 親指と人差し指でつまむ	・玉転がし（目で追う） ・打ち合わせるおもちゃ ・出し入れを楽しむおもちゃ ・感触を楽しむ（手で触る、口に入れる）
12 13 14 15 16 17	歩行が始まる		・積み木 ・玉落とし、玉転がし ・つまんで落とすおもちゃ ・ペグさし ・型はめ（○△□）	・動物や食べ物などの絵本 ・押すおもちゃ ・引き車
18 19 20 21 22 23	走る	スプーンですくう	・重ねコップ（大、中、小） ・積み木 ・小麦粉粘土 ・ひも通し（大）、ボタンはめ（大） ・かぎの開閉	・ままごと （食器、スプーン、調理器具、フェルトで作った食べ物　など）
24 25 26 27 28 29		指で押さえる、 ひっぱる、ねじる	・穴落とし（小） ・シールはり・はがし	・世話あそび （人形、布団、タオル、洗面器、おぶいひも　など） ・役割ごっこ （エプロン、スカート、お出かけバッグ、鏡、ヘアブラシ、アクセサリー　など）
30 31 32 33 34 35 36			・スナップ、ボタンはめ（中）、ファスナー ・ひも通し（小） ・洗濯ばさみ、キャップ回し ・パズル	

ペットボトルにビーズを入れて作ったガラガラ

チップ落とし

段ボール箱の引き車

フェルトで作った食べ物

ひも通し

ストロー落とし

お医者さんごっこセット

3～5歳児 保育室環境

保育室環境

3～5歳児クラスの保育環境について、実例を挙げながら解説します。
3歳ころ～6歳ころの「保育のポイント」（P.48～P.86）と合わせてご覧ください。

3歳児（年少）クラス

●ごっこあそびコーナー　P.51参照

アイテムは多めに

「友達と一緒」がうれしいけれど、順番で使うのがまだ難しい段階なので、なりきりアイテム（かぶり物・マントなど）は、ある程度余裕のある数を用意しておく。
※かぶり物はしらみなどの感染に注意。

あそびの展開に沿って小道具を準備

自由にごっこあそびが展開するよう、様子を見ながら、安全なアイテムや道具（積み木・人形・布類・テーブル・ミニ台所セットなど）を、子どもがいつでも自由に使える所に置いておくと、主体的に活動が生まれる。

●生活習慣の自立を促す環境　P.54・P.55参照

やり方が目で見てわかる

生活習慣の手順を図や写真で示しておくと、いつでも確認できる。

子どもの動きをイメージして

子どもの動線をイメージし、環境の見直しを行う。着脱であれば、ロッカーの位置を見直したり、置いてあるかごが、子どもにとって使いやすい大きさ・重さかどうかなどもチェックする。

目的に合わせて

発達段階に合わせ、そのときに身につけたいことを考えて環境を作る。食事であれば、「はしの習慣をつけたい」「姿勢よく食べられるようにしたい」「自分で食べたい物や量を判断できるようにしたい」といった目的に応じて、セッティングの仕方を検討する。

鼻のかみ方を図で説明。ティッシュを置いている場所に掲示している。その行為をする場所に掲示するのが大事。

4歳児(年中)クラス

●安全&自由な製作道具の管理

子どもの製作意欲のあるときに自由に取り組めるようにしたいが、同時にはさみの扱いなど、安全面にも配慮が必要。例えば、ロッカーなど1か所に道具をまとめ、普段はそこに布をかけておき、保育者が見ていられるときだけ「オープン！」と布をめくる、またはワゴンに道具を載せておいて、使用するときだけ出してくるなど工夫する。

製作道具をロッカーに収めて布をかけておき、使うときだけ開ける。

布を開けた状態。

→P.61参照

●お話を楽しむ環境

子どもたちが好きな本、保育者が選んだ絵本を、手にとりやすい場所に常備しておく。本のラインナップは、季節に合わせて変え、保護者への貸し出しも行う。また、思い切って保育室全体を人気の絵本の雰囲気に変えたり、あそびに取り入れたりすると、より入り込むことができる。

→P.62参照

●1人で落ち着ける場所

心の葛藤やけんかが起きたとき、静かに1人で過ごすことで、気持ちを立て直したり、クールダウンしたりすることができる。専用の部屋がなくても、保育室や廊下、事務室の一角をカーテンやパーテーションで仕切れるようにしたり、事務室に小さないすと机を置いておくだけでもよい。

保育室の一角にスペースを確保。

→P.64・P.65参照

●異年齢が日常的にかかわり合えるように

保育室の扉を取り外し、オープンな環境を作るのが一番自然だが、難しい場合は、異年齢保育の日や行事を設定する。できれば、朝の自由な時間帯などに日常的に交流できるよう働きかける。

→P.65参照

5歳児（年長）クラス

●リアルを追求するごっこあそびコーナー

ごっこあそびの世界や役同士のやりとりにおいて、「リアル」さを要求するようになってくるので、できるだけ本物を用意する。例えば、近所のお店でいらなくなった袋やグッズ、本物の空き化粧瓶などの容器、いらなくなった洋服や雑貨などを集めて置いておく。

→ P.72参照

●当番活動で自立を促す環境

いつが当番かが自分でわかるように

顔写真や子どもがかいた絵を利用して当番カードを作り、それをめくっていく。また「昨日、今日、あした」「今日は○月△日」という時間の流れの把握を促すのに、予定を書き込めるカレンダーを併用するのもよい。

子どもがかいた自分の顔の絵で、当番カードを作成。

だれが見ても同じ理解ができる提示を

だれが見ても、当番の仕事内容について同じ理解が得られるよう、1つ1つの当番内容をわかりやすく明示する。

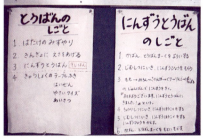

当番内容の工程を簡潔に表示。

→ P.76参照

●着替えの場所はしゅう恥心に配慮して

恥ずかしいという意識や、性差への関心が芽生えてくるため、プールなどの着替えは男女で場所を仕切る、おもらしをしたときは物陰に隠れて着替えるなどの配慮をする。

→ P.76参照

●じっくり集中してあそぶコーナー

落ち着いて集中できる場を作る

巧ち性や構成力が培われてきた5歳（年長）児だからこそ楽しめる遊具（ブロックや編み物など）の充実を図り、落ち着いて取り組めるコーナーを作る。自分で本を見てやってみようとする子もいるので、編み物のやり方など説明がわかりやすく書かれた本を置いておくとよい。

やる気を応援する環境を

何日も継続して取り組みたいという気持ちを保障するアイディアが必要。例えば、名前を書いたプレートを使って、製作途中の物を取っておける「途中棚」を設置したり、ブロックなど、作り上げるのにスペースも時間も十分に必要な物は、生活の動線（食事や午睡など）がかかわらないスペースを設けたりする。また、作り上げた物を保護者や友達に披露する「ミニ展示スペース」を作ると、やる気が出てくる。

製作途中の作品を置いておく棚。下に敷く紙に名前が書いてある。ここで友達の作品を見て刺激を受ける子も。

→ P.81参照

保育室環境

3〜5歳児クラス　教材・用具

年齢ごとの発達を押さえ、子どもの関心や興味を引き出し、意欲や自信につなげる教材を紹介します。環境やスペース、子どもの様子に応じて、臨機応変に対応してください。

年齢	全身運動	手指の操作	ごっこ	言葉・認識	音楽
3歳児	・ボール 　（つく、転がす、 　　投げる、ける） ・巧技台 　（よじ登る） ・平均台 　（1人で渡る） ・マット（転がる） ・三輪車 ・缶ポックリ	・ひも通し ・手回しごま ・フェルトペン、絵の具、パス、クレヨン ・はさみ（切り落とし、直線切り） ・粘土（伸ばす、丸める） ・折り紙（3〜8工程） ・パズル（20〜50ピース） ・花おはじき（並べる、色分け） ・積み木（積み上げる、並べる） ・ブロック（意味づけをする） ・ペグさし	・人形 ・積み木 ・いろいろな 　大きさの布 ・テーブル ・ミニ台所セット ・ままごとセット	・絵本、紙芝居 ・絵カード 　（絵合わせ）	・鈴 ・カスタネット ・手作り楽器 　（ポリバケツで 　作った太鼓や 　手作りマラカ 　スなど）
4歳児	・ボール 　（投げ合う、 　　追いかけてける、 　　まりつきあそび、 　　転がしドッジボール、 　　サッカー） ・巧技台 　（よじ登る、 　　飛び下りる） ・平均台 ・大縄	・ひも通し ・おはじき（はじく、形を作る） ・木ごま ・絵の具、クレヨン（12色） ・はさみ（曲線切り） ・粘土（おだんご作り） ・折り紙（10〜16工程） ・パズル（50〜100ピース） ・積み木、ブロック 　（高く積み上げる、形作り）	・人形 ・おぶいひも ・エプロン ・三角きん ・ペープサート 　（子どもが演じる） ・パネルシアター 　（子どもが演じる）	・絵本、紙芝居 ・かるた 　（読み手が読ん 　　だ札を取るこ 　　とができる） ・文字スタンプ ・ドミノ	・タンブリン ・打楽器 ・メロディーベル
5歳児	・ドッジボール ・サッカーボール ・巧技台、平均台 　（左右対称な協応制御） ・マット 　（前転、側転） ・大縄 ・短縄（連続跳び） ・フープ ・跳び箱 ・竹馬	・おはじき ・ひもごま ・絵の具、クレヨン（16色）、 　色鉛筆、鉛筆、フェルトペン ・はさみ 　（図形切り） ・粘土 　（イメージしたものを作る） ・廃材（製作） ・ステンシル ・版画 ・折り紙 　（本を見て折る、はさみで切れ目を 　　入れる） ・積み木、ブロック 　（立体的なものを作る） ・アイロンビーズ ・あやとり ・指編み、リリヤン	・ドールハウス ・エプロン ・三角きん ・さまざまな 　大きさの布 ・使わなくなった 　電化製品 ・使わなくなった 　食器や家具 ・使わなくなった 　洋服やかばん 　などの雑貨 ・廃材 ・ペープサート 　（子どもが演じる） ・パネルシアター 　（子どもが演じる）	・絵本、紙芝居、 　図鑑 ・かるた 　（読み手ができる） ・文字スタンプ ・トランプ ・オセロ ・すごろく	・鍵盤ハーモニカ ・メロディーベル ・木琴、鉄琴 ・打楽器

あとがき

　このたび学研の方より、実践と発達が結びついた内容の本の企画をお聞きしたとき、わが港区で保育の「実践」を熱心に行っている保育士たちの顔が頭に浮かびました。この本の実践の内容（保育のポイント）を担当した5人は、皆、港区内の保育園で、子どもたちと丁寧に向き合ってきた保育士です。

　東京都港区は、まさに都会の真ん中にあり、密集した超高層ビルに囲まれ、昼も夜も忙しく動いている地域です。緑の木々は人工的に植えられて整然と並び、冬になるとイルミネーションのきらびやかな装飾がなされ、公園は子どもというより、大人たちの憩いの場。こんな様相の港区だからこそ、乳幼児期に味わせたいあそびや体験をどこかに探し出し、望ましい環境がなければなんとか工夫して創り出しています。

　芝滑りができる所があると聞けば、そこに出かけて芝滑りをし、どうしたらもっと勢いよく滑ることができるか考え、材料を持って再び出かけて行きます。また、ドングリの木があると聞けばみんなで出かけてドングリ拾いを楽しみ、持ち帰ったドングリを教材にあそびを広げています。そして狭い園庭でも工夫して植物や野菜の栽培を行い、ペットボトル、ラップのしん、空き箱など身近な廃材は、保育者の手によって、手先のあそびや運動あそびに活用できる魅力的なおもちゃに変身しています。

　こういったさまざまな工夫や実践をみなさんにお伝えすることで、多くの子どもたちに何かを届けられたら、それはたいへんうれしいことです。

　わたしたち港区の保育園は、日ごろから園の垣根を越え、合同研修や情報交換を頻繁に行っています。そういった風通しのよい土壌があったからこそ、今回、複数園の保育士が「港区保育を学ぶ会」として集結し、このような執筆を進められたのだと思います。今後も、日々、子どもの発達の視点を大切に、職員同士が協働して、子どもたちの意欲や自信につながる保育を展開していきたいと思っています。

港区保育を学ぶ会　田川伸子

| 発達のようす | 監修・執筆 | **河原紀子**
共立女子大学家政学部児童学科教授。博士（教育学）。臨床発達心理士。専門は発達心理学。著書に『教育と保育のための発達診断』（共著・全国障害者問題研究会出版部）『ヒトの子育ての進化と文化』（共著・有斐閣）などがある。自身の研究や保育者養成の立場より、さまざまな保育施設でのフィールドワークにも力を入れている。

| 保育のポイント・保育室環境 | 執筆 | 港区保育を学ぶ会　**田川伸子**（代表）
門倉裕子　金澤明子　吉澤布由
平井明子　堀川敦

東京都港区立保育園の現職保育士6名により編成。乳幼児の豊かな育ちを見守り、保護者の子育てを支援するため日々保育に励む傍ら、園を超えての研修や情報交換を重ね、保育の質向上に努めている。

| 取材協力 | みなと保健所健康推進課（東京都港区）

| 参考文献 |
五十嵐勝朗『診療に役立つ乳幼児の生理学』金原出版　2007年
大久保愛『幼児言語の研究　構文と語彙』あゆみ出版　1984年
加藤俊徳『脳は自分で育てられる』光文社　2008年
神田英雄『3歳から6歳—保育・子育てと発達研究をむすぶ　幼児編』ひとなる書房　2004年
神田英雄『伝わる心がめばえるころ—二歳児の世界』かもがわ出版　2004年
京都教職員組合養護教員部（編）『子どもの発達と健康教育』①〜④　かもがわ出版
生澤雅夫・松下裕・中澤惇（編著）『新版K式発達検査2001実施手引き』　京都国際社会福祉センター
白石正久・白石恵理子（編著）『教育と保育のための発達診断』全国障害者問題研究会出版部　2009年
心理科学研究会（編）『育ちあう乳幼児心理学　21世紀に保育実践とともに歩む』有斐閣　2000年
田中昌人・田中杉恵『子どもの発達と診断』①〜⑤　大月書店
田中昌人『乳児の発達診断入門』大月書店　1985年
田中昌人『人間発達の理論』青木書店　1987年
田中昌人『発達研究への志』あいゆうぴい　1996年
田中昌人『1歳児の発達診断入門』大月書店　1999年
田中昌人・田中杉恵（監修）『ビデオ　発達診断の実際　解説書』第1巻〜第8巻　大月書店
田中真介（監修）乳幼児保育研究会（編著）
　　　『発達がわかれば子どもが見える—0歳から就学までの目からウロコの保育実践』ぎょうせい　2009年

| STAFF |
企画編集● 小林留美　中野明子
デザイン● 長谷川由美　千葉匠子
表紙イラスト● まつおかたかこ
本文イラスト● 岡本典子　有栖サチコ　北村友紀　中小路ムツヨ
校閲● 佐々木智子